줄서는
일본의
작은 빵집

〈내 가게 시작하기〉 편집부 지음·박수현 옮김
기시모토 타쿠야岸本拓也, 임태언, 김혜준 감수

작지만 계속 찾게 되는
인기 빵집의 창업 비밀 노트

시작하며

'소규모라서 할 수 있는 생각'을 살린 과자가게와 빵가게가 많아지고 있습니다.

과일을 통으로 쑥쑥 넣은 갓 구워낸 머핀을 만날 수 있는 가게. 계절에 따라 메뉴를 바꿔가며 부부 각자가 하고 싶었던 일을 실현한 가게.
비스트로 뺨치는 샌드위치를 즐길 수 있는 가게.

일주일에 단 3일만 문을 열어 스스로 납득할 수 있는 빵만을 만드는 가게.

'맛있는 걸 전해주고 싶다'는 마음이 넘치는 작은 가게에 가득 진열된 과자와 빵들. 오늘도 이를 맛보기 위해 많은 사람이 가게를 찾아옵니다.

이 책에는 소규모 인기 가게 주인들의 협조를 얻어 콘셉트와 자금계획, 건물 구하기, 인테리어, 상품 라인업 등 사랑받는 작은 가게 만들기에 관한 힌트가 가득 담겨 있습니다.

근사한 과자가게·빵가게가 새롭게 탄생하길 바라며 창업을 목표로 삼는 분에게 도움이 된다면 좋겠습니다.

CONTENTS

003　시작하며

과자가게

008　어코드(akkord)
016　모리노 오하기(森のおはぎ)
024　에이미즈 베이크숍(Amy's Bakeshop)
032　타이야키 가게 유이(たいやきやゆい)와
　　　과자점 미모자(お菓子屋ミモザ)
040　미레이네(ミレイネ)
048　에테(Été)
052　화과자 공방 이토(糸) ito
056　과자가게를 시작하려면
057　메뉴 구상하기
058　포장과 필요사항 표시하기

빵가게

066　나카가와 밀 가게(ナカガワ小麦店)
074　보네 단느(BONNET DANE)
082　하쿠라쿠(白楽) 베이글
090　이토키토(itokito)
098　시마이(cimai)
106　수제 효모빵 노타리(のたり)
114　634베이글(BAGEL)
118　빵가게를 시작하려면
119　메뉴 구상하기
120　빵가게의 하루
121　필요한 설비에 관해서

HINT 개업을 위한 힌트 모음(일본편)

130　01 가게 만들기에서 가장 중요한 것
132　02 개업까지의 일정
134　03 가게 이미지를 확고히 한다
136　04 개업에 필요한 자금
138　05 자금조달 방법
140　06 개업에 필요한 절차
142　07 건물 구하기
144　08 설비와 시행에 관해서
146　09 사입처 찾기
148　10 가격 정하는 방법
150　11 접객과 서비스
　　　12 직원에 관해서
151　13 홍보에 관해서
　　　14 홈페이지와 SNS에 관해서

152　15 이벤트에 참여한다
154　16 인터넷쇼핑몰을 시작한다
156　17 가게를 오래 유지하려면
158　**HINT 개업을 위한 힌트 모음(국내편)**
170　SHOP LIST

COLUMN

060　SHOWCASE & DISPLAY
　　　쇼케이스와 디스플레이
062　POP　가게의 개성이 드러나는 POP
063　BAG　쇼핑백
　　　TRAY　트레이
064　KITCHEN TOOL
　　　마음에 드는 주방조리기구
122　SHOP CARD　가게 명함
124　SIGNBOARD　가게 간판
126　SHOP　가게 외관

과자가게

01 어코드(akkord)
02 모리노 오하기(森のおはぎ)
03 에이미즈 베이크숍(Amy's Bakeshop)
04 타이야키 가게 유이(たいやきやゆい)와 과자점 미모자(お菓子屋ミモザ)
05 미레이네(ミレイネ)
06 에테(Été)
07 화과자 공방 이토(糸) ito

01
Sweet 어코드(akkord)

한 달 중 보름만 오픈해서 가정과 양립

오사카부 도요나카시 데라우치 2-3-9 그린엑셀 501
大阪府豊中市寺内2-3-9 グリーンエクセル501
Tel. 080-4707-2095
Open. 11:30~17:00   Close. 비정기휴무
http://akkord501.com

Story

맨션 한 칸에서 굽는 애정 넘치는 머핀

오사카 교외, 녹음이 풍부한 베드타운의 한 맨션. 그중 한 집의 베란다에 노란 삼각형 깃발이 펄럭이면《어코드》가 문을 열었다는 뜻입니다. "엘리베이터가 없는 건물 5층이라서 굳이 올라오지 않아도 '아, 오늘은 영업하는구나'하고 알 수 있도록 한 것"이라며, 주인 아다치 가쓰루 씨는 웃습니다.

취미로 과자를 만들던 20대 무렵, 카페를 열 기회가 있었지만, 아직은 경험이 부족하다고 생각해 그 기회를 그대로 보내고 결혼, 그리고 세 아이의 엄마가 되었습니다. 그 후 다양한 만남과 경험을 통해 가장 마음 편한 일이 무엇인지 명확해졌고, 보류했던 가게를 열겠다는 생각이 점점 커졌습니다. 과일을 듬뿍 넣고 구워 인공적이지 않고 자연스러운 단맛, 손으로 집어 한입에 먹을 수 있는 편리함……. '나만의 과자'에 대한 이미지가 생기고, 가족도 응원해줘서 개업을 결심합니다. 육아가 일단락된 2014년, 머핀과 타르트를 주축으로 한 카페 겸 과자가게《어코드》를 시작했습니다. 이 당시, 아다치 씨는 41세. "지금이야말로 시작할 타이밍이라고 확신했던 것 같아요."

개업 시 목표로 삼은 건 무리하지 않고 가정과 양립할 수 있는 스타일. 집에서 자전거로 출퇴근할 수 있는 장소를 골라, 한 달에 반 정도만 문을 열기로 했습니다. "장인정신이라곤 찾아볼 수 없죠"라고 쑥스러워하면서도 과자 만들기는 물론, 판매와 카페 접객까지 모두 홀로 해내는 아다치 씨. 그 옆모습에는 자부심이 넘칩니다.

꾸미지 않고, 잰체하지 않지만 섬세하고 행복한 맛이 나는 갓 구운 머핀. '노란 깃발'을 기다리는 팬은 동네에는 물론이고, 교토, 오사카, 고베, 더 멀리까지도 퍼져 있습니다.

Interior 마음 편한, 내추럴하고 내 집 같은 공간

원래는 주거용 원룸이었다는 가로로 좁고 긴 건물. 4평이라는 한정된 공간을 살리기 위해 천장을 걷어내고 벽면을 하얗게 칠하고, 집기는 내추럴한 질감으로 통일하여 밝고 개방적인 공간을 만들었습니다. 조명은 알전구 램프를 여러 개 달아서 부드러운 인상을 줍니다. 인테리어는 아다치 씨 남편이 직접 작업했습니다(P13 참조). 카페 카운터는 양재학교에서 사용했던 책상 상부 나무 판을 재활용한 것으로, 수많은 '룰렛'의 흔적이 멋스럽습니다.

1. 레트로풍의 쇼케이스는 앤티크 숍에서 구입. 2. 문 앞에는 화초를 꽂아둔 우유 캔. 이것도 '영업중'이라는 표시. 3. 손님과 거리가 가까워 따뜻한 분위기. 대화를 나누면서도 열심히 준비한다.

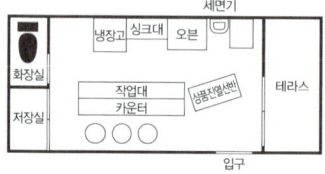

수도와 가스의 위치를 바꾸긴 했지만, 배치 자체는 원래의 원룸 구조 그대로이다. 베란다에도 원목을 깔아서 쾌적한 나무 데크로 바꾸었다.

건물 구하기

점포를 찾을 때 내걸었던 입지 조건은 집에서 가까울 것. 현재 자택과 같은 건물의 다른 층에 있는 그릇과 생활 잡화 가게인 《미즈타마시》에 다니던 중 '빈집을 제작자에게 빌려주고 싶어한다'는 이야기를 듣고 평수 등 다른 희망 조건이 잘 맞아서 입주를 결정했습니다.

Kitchen 미니멀하고 합리적인 II자형 배치

주방은 무척 심플합니다. 냉장고, 싱크대와 가스레인지, 가스 오븐이 한 줄을 이루고, 이 줄과 작업대를 II자형으로 배열해 군더더기 없는 동선을 실현했습니다. 낮은 칸막이를 설치해 널빤지 한 장이 작업대와 카페 카운터를 겸하는 것도 합리적입니다. 반죽을 만들 때 핸드믹서는 거의 사용하지 않고, 거품기로 작업하므로 기계음이 크게 울리는 일도 없어서 가게 안은 느긋하게 시간이 흘러갑니다.

상품은 필요에 따라 만들어 채워가며 그날 안에 모두 파는 것을 원칙으로 합니다. "유제품 같은 재료는 최소한만 저장해두면 되니까 가정용 냉장고 한 대면 충분합니다." 전력을 대량으로 사용하는 기기 종류가 없으므로 표준적인 가정용 계약 암페어(50A)로 충분해서 광열비도 절약할 수 있습니다.

1. 주방기기는 대부분이 중고. 안쪽이 정돈되어 있어서 보기에도 깔끔하다. 2. 시원한 계절에는 시폰 케이크는 베란다 선반에서 식히기도 한다. 3. 한 잔씩 만드는 커피는 오쿠노토의 《니자미 커피》에서 가져온다. 구움 과자와의 궁합이 특별히 뛰어남.

'보이는' 안심감이 기쁘다

손님이 보는 앞에서 반죽을 섞고, 과일을 섞고…. 모든 공정을 공개해서 한층 더 안심이 된다. 가스 오븐은 한 번에 머핀 24개를 구울 수 있는 크기로 어코드에 충분한 용량이다. 먹고 가는 손님에게 낼 머핀을 데우는 용도로도 맹활약한다.

설비표

오븐: 마루젠(중고)
냉장고·냉동고: 가정용(중고)
커피 서버: 칼리타(신품)
가스레인지: 린나이(신품)

Menu
활기차고 섬세한 명작뿐

딸기 타르트
아몬드 크림에 생딸기를 넣고 구웠다.
타르트지는 파이처럼 바삭한 식감인
파트 브리제. 310엔(소비세 포함)

이요캉(감귤류의 일종) 타르트
이요캉을 그대로 올려 오븐에 넣는다.
살짝 태워 구운 귤이 떠오르는
추억의 맛. 310엔(소비세 포함)

바나나와 초콜릿 머핀
머핀의 기본. 바나나는 크게 잘라
반죽으로 샌드해서 넣는다.
잘게 자른 초콜릿도 듬뿍. 230엔
(소비세 포함)

딸기 머핀
딸기의 새콤달콤한 천연 단맛이
적은 양의 머핀 반죽과 잘 어울린다.
크럼블이 식감을 강조한다. 230엔
(소비세 포함)

바나나와 사워크림 머핀
바나나와 사워크림의 궁합은 발군.
은은한 신맛과 향이 먹고 또 먹고
싶어진다. 고소한 호두를 뿌린다.
230엔(소비세 포함)

팥 시폰 케이크
팥의 부드러운 단맛이 매력이다.
폭신폭신하고 매끄러운 반죽에는 향이
진하지 않은 다이하쿠 참기름과
채종유를 사용한다. 조각당 180엔
(소비세 포함)

미니 마들렌
한입에 쏙 들어가는 크기의 마들렌.
귤청을 넣은 반죽은 촉촉하고 풍성
한 향이 난다. 1개 40엔(소비세 포함)

속 재료가 풍성해서 식감도 풍미도 신선

기본 반죽에는 사탕수수 원당과 국산 밀가루 등 되도록
안심할 수 있는 재료를 사용합니다. 과일은 '그 자체를 맛
보길 바라는 마음으로' 통째로 넣어 굽는 것이 《어코드》의
기본 스타일입니다. 결과물은 구움 과자라고는 생각할 수
없을 정도로 촉촉합니다. 머핀 속에 과일과 크림을 '붕어
빵처럼' 주입하는 게 포인트입니다.

메뉴 포인트

- ☑ 맛은 당연히 좋아야 하고, 되도록 몸에 좋은 재료를 반죽에 사용
- ☑ 제철 과일을 그대로 큼지막하게 잘라 향과 촉촉함을 살린다
- ☑ 머핀에는 '속 재료'를 듬뿍 넣어서 재미 있는 식감을 연출

Topics
어코드가 완성되기까지

부부 둘이서 차분하게 몰두했던 리모델링의 기록.

1 리폼을 시작하기 전 상태. 합판 바닥과 파벽돌이 붙어있던 원룸.

2 (좌) 천장을 들어낸 부분. 노출 골조도 철거해 원래 구조를 살린 박공 천장으로 만들었습니다. 벽에 붙어 있던 파벽돌을 모두 떼고, 규조토로 시공. 남편과 아다치 씨와 조카가 함께 일주일 정도 걸려서 흙손으로 꼼꼼하게 발랐다고 합니다.

3 새로 설치한 덕트는 이후 원목으로 덮어 내추럴하게 마감했습니다.

4 펜던트 조명을 설치하고, 바닥 위에는 소나무 원목을 붙였습니다.

5 주방기기 등을 모두 들이고 남은 건 오븐을 기다리는 일뿐.

DIY로 조금씩 만든 애착이 가는 공간

80년대에 지은 이래 여러 차례 수리를 거친 맨션. 싱글용 건물인 만큼 주방도 무척 간소해서 가게를 열기 위해서는 전면적으로 손을 댈 필요가 있었습니다. 건축회사에 의뢰할까 생각도 했지만, 남편과 상의하던 중 '우리 둘이서 작업하는 것도 괜찮지 않을까' 하고 의견이 일치했습니다. 이인삼각으로 셀프 리모델링을 시작했습니다. 벽의 파벽돌을 걷어내고, 천장을 들어내고, 바닥에 나무를 깔고, 덕트와 수도 배관까지 손대다 보니 어느새 전문가 뺨치게 되었습니다. 남편은 직장에 다니기에 주말이나 여름휴가 중에 조금씩 작업을 하여 약 4개월 정도 걸려 《어코드》를 완성했습니다. 땀 흘린 만큼 비용절감은 물론, 이미지를 좀 더 명확하게 구체화할 수 있다는 장점도 있었습니다. 청결함과 따스함을 지닌 공간이 과자 곁에 함께 합니다.

Interview

기분 좋은 공간이 될 수 있도록 고집했던 부분

Q.1
지금 건물을 선택한 결정적 요인은 무엇인가요?

전망이 훌륭해서 근처 공원이 한눈에 들어온다는 점입니다. 베란다로 나가면 단풍잎이나 벚꽃 등이 보여 가게에 있으면서도 계절을 느낄 수 있어요. 바람이 기분 좋게 느껴지는 계절은 창을 활짝 열어두기도 합니다.

Q.2
상품을 만들 때 신경 쓰는 점은?

편하게 드시길 바라기에 딱 자른 듯 예쁜 모양으로 만들려고 까다롭게 굴지 않아요. 예를 들면, 굽다 보면 과일 색이 조금 빠지는 경우도 있는데요, 그 모습 그대로 굽는 것도 소박하고 괜찮다고 생각해요. '맛있겠다!'고 직감적으로 느낄 수 있도록 만드는 걸 중요시합니다.

Q.3
가게 집기 중 까다롭게 고른 부분은?

도예가인 오오타니 데쓰야 씨를 정말 좋아해서 가게를 한다면 그분의 그릇을 꼭 사용하고 싶다고 생각했어요.

Q.4
주부라 도움이 된 경험이 있나요?

상식에 너무 얽매이지 않고 임기응변으로 생각할 수 있다는 점이요. 예를 들면 밀가루 체 같은 건 베이킹 전용 제품이 아니라 '된장을 풀 때 쓰는 체'를 애용합니다. 작아서 사용하기 무척 편리해요.

아다치 가쓰루 씨
Katsuru Adachi

Data
데이터로 보는 《어코드》

개업일
2014년 9월 17일

개업자금
100만 엔

점포 취득비: 비공개
인테리어비: 10만 엔
집기·비품비: 55만 엔
광고 선전비: 3만 엔
운전 자금: 20만 엔
모두 자비

점포 면적
4평

객 단가
800엔

1일 평균객수
20인

직원
오너 1명

Point.1
예산을 아껴 자비로 개업
나 홀로 영업을 염두에 두었던 아다치 씨. 대출 없이 개업하고 싶었기에 예산은 상당히 적은 편입니다.

Point.2
DIY와 중고로 비용 절감
집기와 주방기기는 인터넷 옥션 등에서 중고를 구매. 인테리어도 DIY로 해서 창업자금을 줄일 수 있었습니다.

매출의 흐름을 보고 영업 중에 2~3회 과자를 만들어서 보충합니다. 원하는 상품을 확인하며 구매할 수 있고 가능한 과자가 남지 않도록 페이스북으로 상품의 라인업을 보고합니다. 재료가 떨어지는 등의 상황에 따라서는 일찍 문을 닫기도 합니다.

지금까지의 여정

1995년	회사를 퇴직 처음 근무했던 곳은 활자 관련 회사. 현재 포장지나 웹디자인을 직접 할 수 있는 것도 이 덕분이다.
1996~98년	카페에서 아르바이트
1998년	결혼
1999년	월 1회 이벤트를 개최 친구들과 모여 각자 만들어 온 과자나 샌드위치 등을 먹거나 테이크아웃으로 제공하는 카페 같은 이벤트를 개최
2000년	이탈리안 레스토랑에서 아르바이트 이후 세 명의 아이를 출산하고 가사에 전념
2014년 5월	건물 계약, 인테리어 공사 개시
2014년 9월	오픈

하루의 흐름

6:30	기상
9:30	출근 우선 머핀을 준비하고 굽는다.
11:30	개점 오픈과 거의 동시에 머핀을 진열하고, 14:00경 타르트를 굽는다. 그리고 다음 날 재료 준비와 머핀을 추가(많을 경우 3, 4회)로 만든다.
17:00	폐점, 정리
19:00	귀가 홈페이지 갱신과 장부 기록 등 사무 처리는 저녁 식사 후에 끝낸다.
23:00	취침

02
Sweet

모리노 오하기 森のおはぎ
Mori no ohagi

귀엽고 새로운 '진화형 찹쌀떡' 가게

오사카부 도요나카시 나카사쿠라즈카 2-25-10
大阪府豊中市中桜塚 2-25-10
Tel. 06-6845-1250
Open. 10:00~13:00, 14:00~소진 시까지
Close. 일 · 월요일
http://morinoohagi.jimdo.com

Story

이벤트 등에 나가 팬을 모으다

한큐전철 다카라즈카선 오카마치역(阪急電鉄·宝塚線 岡町駅)에서 걸어서 7분 정도. 정겨운 분위기가 감도는 상점가를 빠져나오면 모리 유리코 씨의 작은 찹쌀떡 전문점《모리노 오하기》가 있습니다. 아침 10시에 문을 열자마자 손님이 속속 들어옵니다. 오후 일찍 매진되는 날도 많습니다.

유리 쇼케이스에 귀엽게 진열된 찹쌀떡은 기본 상품과 계절별로 등장하는 계절한정 상품 등을 합쳐 항상 8종류를 구비합니다. 기존 찹쌀떡의 이미지를 뒤집어엎는 신선한 맛과 보는 순간 사고 싶어지게 만드는 사랑스러운 모양이 인기의 비밀입니다. 본인용 간식은 물론이고, 선물용으로 구입하는 손님이 많다는 점도 이해가 갑니다.

원래 찹쌀떡과 와라비모치(고사리 전분으로 만든 떡) 등 소박한 화과자(和菓子 일본 전통 과자)를 무척 좋아해서 간식으로 종종 샀다는 모리 씨. 예술대학을 졸업한 후, 텍스타일 디자이너로 활약했으나, 좀 더 손님과의 거리가 가까운 직업을 갖고 싶어서 요식업으로 방향을 전환했습니다. '소박하지만 질리지 않고 폭넓은 세대에게 사랑받는 과자는 뭘까?'를 생각하다 결론내린 것이 본인도 무척 좋아하는 찹쌀떡이었다고 합니다.

카페나 잡화점 등에서의 이벤트 출점을 거쳐 2010년에 도요나카 시에 대망의 실제 점포를 오픈했습니다. 고작 3평 정도의 작은 가게이지만 다른 곳에는 없는 신선한 맛이 입소문을 통해 좋은 평판을 얻어 순식간에 주변에 사는 단골은 물론, 멀리서도 굳이 찾아오는 팬을 지닌 인기 가게가 되었습니다. 2013년에는 근처에 공방을, 2016년에는 오사카 기타신치(北新地)에 다른 콘셉트의 자매 점을 오픈하는 등, 착실하게 단계적으로 성장하고 있습니다.

1. 가게 앞에는 항상 계절별 화초를 장식해둔다.
2. 중고가게에서 산 찻장을 디스플레이 선반으로 활용.
3. 운치 있는 손글씨 메뉴는 모리 씨의 어머니가 직접 쓴 것.

오래된 찻장에 격자문, 알전구, 벽에 붙은 손글씨 메뉴 등 인테리어는 레트로한 감성이 감도는 오래된 화과자점과 같은 분위기. 제공하는 상품이 디자인 성이 뛰어난 찹쌀떡이기에 가게는 누구나 친숙하고 편안하게 느낄 수 있는 분위기가 나도록 신경을 썼다고 합니다. 가게 앞쪽에 배치한 유리로 된 쇼케이스에는 찹쌀떡이 하나씩 예쁘게 진열되어 있습니다. 이름이나 모양만으로는 맛을 가늠할 수 없는 상품은 직원이 직접 설명해줍니다.

Interior

오래된 물건을 효과적으로 배치해 누구나 친숙하게 느낄 수 있는 분위기로

겨우 3평 남짓한 협소한 공간에 가게와 작업장을 확보(현재는 다른 장소에 공방을 마련해서 재고와 비품 관리장으로 활용).

건물 구하기

지인에게 현재 가게 건물 자리가 비어 있다는 정보를 얻어 바로 예비조사에 착수했습니다. 준비부터 판매까지 혼자 하기 딱 좋은 넓이와 동네가 가진 느긋한 분위기, 오랜 세월 이 동네에서 음식점을 경영한 지인의 '괜찮은 손님이 많다'는 조언을 받아들여 입주하기로 했습니다. 아침 일찍부터 준비를 해야 하므로 집에서 가깝고 다니기 부담되지 않는 거리라는 점이 제일 마음에 들었습니다.

가게 안쪽에 마련한 작은 주방이 비좁아져서 2013년에 가게 옆 건물을 새로 계약해 확장했습니다. 주방 공간이 많이 넓어져 작업 효율이 올라가고, 제품 생산량도 훌쩍 늘었습니다. 현재는 3~4명의 직원이 상주하며 모리 씨를 도와 찹쌀떡을 만듭니다. 여러 명이 동시에 작업할 수 있도록 주방 중앙에 큰 작업대를 설치했습니다. 찜기와 콩을 볶는 가마솥 등 큰 도구를 전부 벽에 걸어 보관하며 원활한 동선을 확보했습니다.

이전에는 주방으로 사용했던 가게 안쪽 공간을 상품을 포장하는 장소로 활용. 찹쌀떡 재고 보관은 '다이소'에서 발견한 자그마한 수납바구니가 안성맞춤.

Kitchen

여러 명이
움직이기 편하도록
배치에
신경 쓴 주방

1, 2, 3 잡곡을 넣은 찹쌀을 익히고, 팥앙금을 만들고, 손으로 둥글게 모양 만들기. 상품에 따라 표면에 눌린 자국을 내는 등 거의 모든 공정을 수작업으로 합니다. 4. 완성된 찹쌀떡은 종류별로 수납 바구니에 넣어서 보관합니다. 5. 주문 후에 전용 케이스에 넣어서 제공합니다.

Menu
소재의 맛이 느껴지는 찹쌀떡

혼조조미타라시 잡곡떡
잡곡떡으로 팥앙금을 감싸고 하카타의 간장을 사용한 소스를 바른 달콤짭조름한 풍미. 160엔(소비세 포함)

다이나곤 잡곡떡
알이 굵고 부드러운 식감의 홋카이도산 다이나곤을 사용. 잡곡이 든 찹쌀떡의 톡톡 터지는 식감이 재미있다. 130엔(소비세 포함)

센 불에 볶은 콩가루 잡곡떡
은은한 쓴맛과 풍성한 향이 특징인 센 불에 볶은 콩가루와 속에 든 단맛이 덜한 팥소의 궁합이 잘 맞는다. 130엔(소비세 포함)

호지차 흑미떡
호지차를 곱게 갈아 넣은 소가 특징. 호지차 특유의 향긋하고 달콤한 향이 물씬 풍긴다. 137엔(소비세 포함)

군밤 흑미떡(가을, 겨울 한정)
표면을 살짝 그을린 속껍질이 붙은 밤으로 만든 앙금 안쪽에 밤과 설탕만으로 만든 국산 밤 긴톤(강낭콩과 고구마를 삶아 으깬 밤을 넣은 것)이 들어 있다.

꿀 검은콩 잡곡떡
(가을, 겨울 한정)
통통하게 알이 굵은 단바 검은콩 꿀 조림을 감싼 호화로운 겨울의 찹쌀떡. 마무리로 말차가루를 입혔다. 226엔(소비세 포함)

살구와 호두 모나카
호두 향과 새콤한 살구 맛이 입안 가득히 퍼지는 모나카는 기존의 모나카 이미지를 뒤바꾸는 가게의 대표작. 190엔(소비세 포함)

쌉쌀한 말차 와라비모치
찹쌀떡에 대적하는 명물. 쫀득한데 부드러운 독자적인 식감이다. 맛은 콩가루와 말차 2종류. 259엔(소비세 포함)

계절을 느낄 수 있는 한정 상품이 가게를 방문하는 즐거움을 더한다

홋카이도산 다이나곤 팥과 센 불에 볶은 교토산 콩가루 등 질 좋은 소재를 사용해 만드는 찹쌀떡은 곡물과 열매의 식감, 그리고 풍미를 살린 소박한 맛이 호평 받고 있습니다. 기본 맛 6종류에 더해 봄에는 '벚꽃', 여름에는 풋콩을 사용한 '즌다(풋콩이나 잠두콩 따위를 으깬 녹색 반죽)', 가을에는 '군밤' 등 계절 한정 메뉴를 선보입니다. 계절별로 찾아오는 즐거움을 선보입니다.

메뉴 포인트

- ☑ 기본 6종류 외에 계절별 한정 찹쌀떡을 제안
- ☑ 가격은 일반적인 간식 가격대인 100엔대 상품을 중심으로
- ☑ 잡곡과 흑미 등 맛있고 몸에 좋은 소재를 적극적으로 도입

 찹쌀떡에는 조나 피 등 여덟 가지 잡곡과 흑미를 사용해 쫀득하고 톡톡 씹히는 독자적인 식감을 연출했습니다.

Topics
자매점 《모리노 오카시(森乃お菓子)》를 오픈

오사카 중심지에 개점한 대망의 자매점은 술과 잘 어울리는 어른을 위한 화과자를 제안.

《모리노 오카시》의 상품 포인트

1. 선물용이라는 점을 의식해서 모든 상품을 예쁜 상자에 넣어서 판매
2. 술과 궁합이 잘 맞는 안주용 과자 3종류를 개발해 한정수량 인기상품으로

오사카부 오사카시 기타구 소네자키신치 1-1-43 제2오 카와빌딩 1F
大阪府大阪市北区曽根崎新地 1-1-43第2大川ビル1F
Tel. 06-6341-2320
Open. 16:30~소진 시까지
Close. 일·공휴일

본점 오픈 후 약 4년이 지난 2014년 1월, 오사카 기타신치에 자매점 《모리노 오카시》가 탄생했습니다. 이곳의 콘셉트는 '선물하고 싶어지는 과자'입니다. 본점 공방에서 가져오는 인기 상품인 찹쌀떡과 와라비모치에 나무열매나 말린 과일을 사용한 안주용 과자를 자매점 한정 상품으로 판매합니다. 소금과 산미를 잘 살린 어른의 맛이 애주가에게 선물용으로 좋다는 평을 금세 얻었습니다. 환락가라는 동네 특색을 고려해 영업시간을 평일 저녁 무렵부터 늦은 밤 시간대로 설정해 퇴근하는 회사원 등 본점과는 사뭇 다른 새로운 팬을 얻었습니다.

1. 모리노 오하기 4개에 640엔(소비세 포함). ※내용물은 계절에 따라 다름. 2. 상품 저장은 레트로풍 찬장에. 한정 수량이므로 이른 시간에 소진되는 경우도 많다. 3. 꼬불꼬불 가린토 480엔(소비세 포함). 4. 선물하기 딱 좋은 예쁜 상자에 들어 있다.

Interview

상품 제조에 필요한 건 '번뜩임'과 '실행력'

Q.1 상품에서 고집하는 부분을 알려주세요.

손님의 기억에 남을 수 있는 상품을 만드는 것이 목표입니다. 톡톡 터지는 식감의 즐거움과 배색의 아름다움, 어울림, 보기에도 예쁠 것 등 맛뿐 아니라 그 외의 즐거움이 있는 찹쌀떡 만드는 것을 목표로 하고 있어요.

Q.2 오픈 전에 준비했던 것 중에 특별히 도움이 된 일은?

가게 전용 노트를 만들어서 떠오른 아이디어나 레시피를 생각나는 대로 써 두었어요. 쓰다 보면 생각을 정리하기 편하니까 장점이죠. 그 노트에서 탄생한 상품도 많답니다.

Q.3 앞으로 실현하고 싶은 아이디어는 무엇인가요?

자연으로 둘러싸인 장소에서 채소나 과일을 키우거나 제조와 관련된 워크숍을 개최하거나 다양한 라이프스타일을 체험할 수 있는 공간을 만들고 싶어요. 물론 거기서 찹쌀떡도 판매하고 싶고요.

Q.4 앞으로 창업을 준비하는 사람들에게 조언을 한다면?

본인이 목표로 삼은 것을 끊임없이 이야기하기. "이런 일을 하고 싶어", "이런 가게를 만들고 싶어"라고 다양한 사람들에게 이야기하다 보면 자연스레 유익한 정보가 모여든다고 생각해요.

모리 유리코 씨
Yuriko Mori

Data
데이터로 보는 《모리노 오하기》

개업일
2010년 7월 1일

개업자금
270만 엔

점포 취득비: 50만 엔
인테리어비: 160만 엔
집기·비품비: 40만 엔
광고 선전비: 몇 천엔
운전 자금: 10만 엔
모두 자비

점포 면적
3평 남짓
(공방은 별도로 10평)

객 단가
비공개

1일 평균객수
비공개

직원
오너 +
아르바이트 8명

Point.1
점포 취득 비용을 줄인 만큼 인테리어비용으로

점포가 3평 남짓으로 작고 지은 지 오래돼서 보증금이 저렴했습니다. 그 비용을 인테리어에 사용했습니다.

Point.2
디자인 관련은 모두 부부가 담당

가게 명함이나 DM, 패키지 등의 디자인은 예술대학 출신인 남편과 둘이서 제작하여 비용을 절감.

매일 아침 일찍 공방에 나가서 그날 판매할 찹쌀떡을 준비합니다. 갓 쪄낸 찹쌀을 하나씩 손으로 둥글게 굴리고 앙금을 감싸줍니다. 점심시간 1시간 정도는 문을 닫고 오후에 판매할 분량의 상품을 만들지만, 이 역시 눈 깜짝할 사이에 다 팔리는 날이 많다고 합니다. '갓 만든 맛을 즐겨주길 바란다'는 타협 없는 자세가 많은 단골을 확보하는 포인트일지도 모릅니다.

지금까지의 여정

2008년	찹쌀떡 만들기 시작
2009년 11월	처음 이벤트에 참여 신사이바시의 카페 이벤트에 참여. 준비한 200개의 찹쌀떡이 매진. 그 뒤로 다양한 이벤트에 참여해 판매하면서 실적을 쌓음.
2010년 2월	가게 자리를 찾기 시작 이벤트 참여와 출장 판매를 계속하면서 점포를 구하기 시작
2010년 5월	점포 계약
2010년 7월	《모리노 오하기》 오픈
2013년	점포 옆에 공방이 탄생
2014년 1월	자매점 《모리노 오카시》 오픈

하루의 흐름

6:00	기상
7:00	출근 상품 준비를 시작
10:00	개점 《모리노 오카시》의 상품을 만들고 포장
13:00	일시 폐점 문을 닫는 동안 오후에 판매할 분량의 상품을 준비
14:00	재 오픈, 소진되는 대로 폐점
20:00	귀가
24:00	취침

03 Sweet

에이미즈 베이크숍
Amy's Bakeshop

뉴욕 스타일의 구움 과자를 스타일리시한 가게에서

도쿄도 스기나미구 니시오기키타 2-26-8-1F
東京都杉並区西荻北 2-26-8-1F
Tel. 03-5382-1193
Open. 11:00～19:00
Close. 월, 화공휴일인 경우 영업
http://amysbakeshop.com

Story

뉴욕 이주의 꿈이 과자 가게로

까만 간판에 흰색 로고. 통유리창의 외관이 어딘가 모던한 분위기가 감도는 《에이미즈 베이크숍》.
"처음에는 뉴욕에서 살려고 돈을 모으고 있었는데, 그 꿈이 다른 방법으로 이뤄지게 되었어요"라고 말하는 오너 요시노 아키미 씨.

자주 찾던 뉴욕에서 사워크림 애플파이를 먹고 농후한 맛에 충격을 받아 개업했다고 합니다. 원래 베이킹이 취미여서 친구들에게 "제과점을 해보는 건 어때?"라는 말을 듣곤 했습니다.
귀국 후 프랑스과자 전문 제과학교에 다니며 기초를 닦았습니다. 그와 함께 미국식 베이킹 교실에도 참여하고 회사에 다니며 바쁜 나날을 보냈습니다.

개업을 결심한 후 뉴욕으로 이주하기 위해 모으던 돈을 모두 개업 자금으로 돌려 가게를 구하다가 2주일 만에 니시오기쿠보에서 지금의 가게와 마주하게 됩니다. 예전에 인테리어 일을 한 적이 있어서 뉴욕 그리니치빌리지의 분위기가 나는 가게를 만들겠다는 확실한 이미지가 있었습니다. 블랙의 시크한 공간에 군데군데 앤티크를 채워 넣어 스타일리시한 분위기로 완성했습니다.

처음에는 뉴요커가 커피와 머핀으로 아침 식사를 하는 델리카페를 생각했지만, 상품 제조 시간과 공간의 문제로 단념하고 안에서 먹고 갈 수 있는 과자 전문점을 오픈했습니다. 개업을 결심한 지 불과 반년 만의 일이었습니다.
"지금도 가게에서 레시피를 개발하며 보냅니다. 가게 모습은 앞으로도 계속 조금씩 변해갈지도 모르지만요."

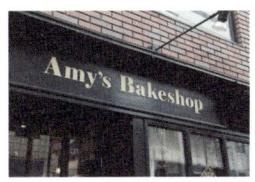

Interior
오너의 고집이 응축된 시크한 공간

투명한 칸막이로 구분된 카운터에 과자가 진열된 스타일. 뉴욕에서는 흔한 디스플레이 방식입니다. 과자는 타워형 트레이를 사용해 세로 진열로 변화를 주어 손님이 고르는 즐거움을 느낄 수 있도록 만들었습니다. 집기와 식품은 실제 뉴욕에서 사 온 것도 있다고 합니다. 안에서 먹고 가는 손님이 이용하는 테이블 모양은 단순하지만 까다롭게 고른 앤티크 제품입니다. 석조 벽으로 포인트를 주어 시크하고 통일감이 느껴지는 내부로 완성했습니다.

1. 시크한 분위기의 석조 벽 2. 디스플레이는 뉴욕의 카페 이미지를 차용 3. 멋있는 분위기로 남성도 부담 없이 들어올 수 있다.

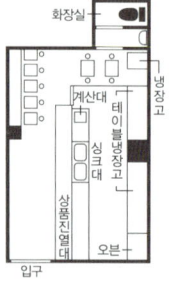

건물 구하기

새로운 곳을 많이 취급하는 동네 부동산에 의뢰. 옛날 버스 노선 주변에서 음식점이 많고 유동 인구가 많은 지금의 건물을 발견했습니다. 원래 살던 동네가 니시오기쿠보라서 어느 정도 동네에 대한 감이 있었기 때문에 고객층과 유동인구, 지역성 등을 예상할 수 있어서 바로 결정했습니다.

Kitchen
주방도 모노톤으로 통일

이전에는 피자가게였던 점포입니다. 가스나 수도 공사는 하지 않았지만, 주방은 새로 바꿔야 했습니다. 오븐과 냉장고 등의 설비는 새 상품입니다. 그리고 사용 횟수가 적은 가스레인지는 치우고, 불이 필요하면 휴대용 가스버너를 사용하는 등 한정된 공간을 적극 활용할 연구를 했습니다.

가게에 들어오면 과자 디스플레이 너머로 주방이 보이는 구조라서 벽은 가게 안과 똑같이 돌 타일을 붙였습니다. 주방 도구와 쿠키 모양 틀 등 은색이 많은 공간에 잘 어울립니다.

1. 디스플레이 너머로 조리하는 모습이 보이므로 손님이 안심할 수 있다. 2. 작은 공간이라서 항상 깨끗하게 정돈하여 일하기 쉽도록 신경 쓰고 있다.

설비표

오븐:	마루젠(신품)
냉장고·냉동고:	가정용(신품)
커피 서버:	칼리타(신품)
핸드믹서:	쿠진아트(신품)

Menu

뉴욕 스타일의 구움 과자가 중심

머핀 레몬&커스터드
겉은 바삭하고 안은 촉촉. 적당한 단맛과 레몬의 신맛이 절묘하게 어우러진 머핀. 390엔(소비세 포함)

컵케이크 초콜릿&바닐라
카카오 칩의 식감이 포인트인 초콜릿 반죽에 크림치즈 베이스의 바닐라 프로스팅을 올렸다. 340엔(소비세 포함)

리치 마블 케이크
풍부한 식감과 향긋한 풍미의 파운드케이크는 바닐라와 초콜릿 반죽이 그린 마블링이 아름답다. 350엔(소비세 포함)

레몬 포피씨드 케이크
양귀비 씨가 든 레몬 반죽에 크림치즈를 더한 인기 상품. 레몬 아이싱의 새콤한 맛이 포인트. 350엔(소비세 포함)

뉴욕 치즈 케이크
가벼운 식감이지만, 맛은 농후하고 부드럽다. 부디 커피와 함께 매장에서 즐기길 바란다. 420엔(소비세 포함)

스콘 플레인
전립분을 사용해 밀가루의 맛을 살린 스콘은 겉은 바삭하고 안은 촉촉한 식감. 270엔(소비세 포함)

아메리칸 츄이 쿠키
큼지막한 미국식 크기의 촉촉한 쿠키. 초콜릿 청크와 호두가 듬뿍. 350엔(소비세 포함)

무리하지 않고 적은 가짓수로 시작해 서서히 늘려온 자랑스러운 레시피

오픈 당시에는 컵케이크와 파운드케이크, 머핀 등 총 8가지 정도로 시작했습니다. 가게를 계속하다 보니 효율적으로 작업할 수 있게 되었고, 지금은 메뉴가 30종으로 늘어났습니다. 상온에서 며칠 보관할 수 있는 구움 과자 외에도 치즈케이크 등 냉장 제품도 판매를 시작했습니다. 미국식 베이킹에 일부 프랑스의 제과 기법을 도입해 섬세한 맛을 더한 메뉴를 만들고 있습니다.

메뉴 포인트

☑ 뉴욕 스타일의 큼지막한 구움 과자를 제안

☑ 며칠 보관할 수 있는 파운드케이크를 출시

☑ 냉장 제품은 먹고 가는 손님에게 인기

Topics
에이미즈 베이킹 스쿨을 개최

문을 연 지 4년 만에 가게 2층을 빌려 베이킹 교실을 시작했습니다.
미국식 베이킹을 친근하게 느낄 수 있는 장소입니다.

원래 남에게 무언가를 가르치는 일에 관심이 많았다는 요시노 씨. 개점 4년 차에 가게 2층을 빌려 '에이미즈 베이킹 스쿨'을 시작했습니다. 목요일 14:00, 19:30, 토요일 13:30부터 시작하는 주 3회, 1회 2시간짜리 수업입니다. 먼저 시연을 한 후 만드는 법을 본 학생이 직접 만듭니다.

베이킹 수업을 시작하기 위한 오븐과 조리 도구 등의 초기 투자, 가게 운영과 병행해서 수업을 준비하느라 힘든 점도 있었다고 합니다. 하지만 학생과의 커뮤니케이션 속에서 다시금 미국식 베이킹의 매력을 느끼고 이를 공유할 수 있어서 보람을 느낀다고 합니다.

1. 교실 인테리어도 점포처럼 모노톤에 실버를 활용했다. 2. 제과용 재료와 틀, 디스플레이용 트레이 등도 판매한다.

Information

이날은 베이크드 초콜릿을 만들었습니다. 수강료는 1회 6,200엔(2회 차 이후에도 참여할 경우 참가비 10,000엔). 기본적으로 한 달에 한 개의 레시피를 진행하는 프로그램입니다.

Interview

'맛있다'고 말해주시는 게 무엇보다도 기쁩니다.

Q.1 가게를 시작하고 힘든 부분은 무엇인가요?

이른 아침부터 밤늦게까지 일을 하니까 체력적으로는 상당히 힘들어요. 다만 성수기가 지난 여름철에는 한 달 정도 휴가를 얻어서 휴식을 취합니다.

Q.2 과자 만들기에서 신경 쓰는 점은?

미국식 베이킹의 특징인 소박함은 살리면서도 질리지 않도록 식감과 맛을 조화해서 만들고 있어요. 단맛과 신맛, 촉촉함과 바삭함 등을 끝까지 맛보시길 바랍니다.

Q.3 손님은 어떤 사람이 많나요?

연령층은 40~50대 여성이 많습니다. 가게 내부가 시크해서 남자 손님도 맘 편히 들어오시는 것도 기쁘죠.

Q.4 가게를 내길 잘했다고 느낀 점은 무엇인가요?

뭔가를 만드는 걸 좋아해서 디자인 관련 일을 했었지만, 과자는 손으로 만드는 아날로그 방식의 일입니다. 작업은 힘들지만, 대신 손님에게 직접 '맛있다'는 말을 들을 수 있다는 점에서 보람을 느낍니다.

요시노 아키미 씨
Akimi Yoshino

Data
데이터로 보는 《에이미즈 베이크숍》

개업일
2010년 7월 22일

개업자금
700만 엔

점포 취득비: 200만 엔
인테리어비: 350만 엔
집기·비품비: 100만 엔
광고 선전비: 없음
운전자금: 50만 엔
모두 자비

점포 면적
30㎡

객 단가
1,000엔

1일 평균객수
비공개

직원
오너 +
아르바이트 1명

Point.1
이주용으로 모아둔 저축이 있어서 자비로 개업
충분한 저축이 있었기에 빨리 창업할 수 있었습니다.

Point.2
돈이 들어가는 부분은 아끼지 않고 투자
원하는 가게 내부 모습이 명확했기 때문에 시공은 업자에게 의뢰했습니다. 주방 집기는 새 제품을 위주로 준비해서 유지관리가 쉽습니다.

과자 가게 창업은 예상외의 일이었지만, 가게를 만들 때 이전에 하던 일인 공간디자인과 디스플레이의 경험을 살릴 수 있었다고 합니다. 원하는 이미지에 가까운 가게 사진으로 스크랩북을 만들고, 설계 회사와 미팅할 때 활용했습니다. 로고와 가게 명함, 상품에 붙이는 스티커 등은 모두 직접 디자인하고 제작했습니다.

지금까지의 여정

2000년	회사 취직 건축 관련 학교를 졸업한 후, 공간 디자인과 디스플레이 일을 했다. 여행으로 방문한 뉴욕에서 미국 스타일의 구움 과자를 접하고 미국식 베이킹을 배웠다.
2009년	창업 결심
2010년	창업
2013년	베이킹 교실 시작

하루의 흐름

6:00	출근 개점 준비를 하고 머핀부터 굽기 시작한다.
11:00	개점 파운드케이크 만들 준비 시작
14:00	베이킹 수업 목, 토요일은 베이킹 수업이 있어서 아르바이트생에게 가게를 맡긴다.
19:00	폐점 목요일은 19시 반부터 두 번째 베이킹 수업을 한다.
00:00	귀가·취침

04
Sweet

타이야키 가게 유이(たいやきやゆい)와 과자점 미모자(お菓子屋ミモザ)

Taiyakiya Yui & Okashiya Mimoza

부부 각자가 원했던 바를 실현한 가게

도쿄도 구니타치시 니시 2-19-12 헬리오스 구니타치 1-B
東京都国立市西 2-19-12 ヘリオス国立 1-B
Tel. 042-505-6210
Open. 11:00~17:00   Close. 월, 화
http://taiyakiyayui.jugem.jp

Story

가을과 봄에는 타이야키와 빵,
구움 과자, 여름은 빙수

1년 중 봄, 가을, 겨울은 매장에서 먹고 갈 수 있는 빵과 구움 과자, 여름은 빙수를 위주로 판매하는 독특한 가게가 《과자점 미모자》와 《타이야키 가게 유이》입니다. 주인 유이 나오키 씨가 구니타치 시내를 매일 이동하며 판매하는 타이야키 가게를 시작한 것이 계기였습니다. 재료 준비를 위한 공방을 찾던 중 계획보다 넓은 지금의 건물과 만났습니다. "타이야키 매출이 적은 여름에는 빙수 가게를 하고 싶다는 게 남편의 희망 사항이었어요. 이동 판매만으로는 한계가 있으니 점포를 빌려서 여름에는 빙수, 그 이외는 빵과 과자를 팔자는 이야기가 나왔죠. 저는 따로 '과자점 미모자'라는 이름으로 가게에서 먹고 갈 수 있는 메뉴를 중심으로 만들었고, 빵을 굽거나 카페를 잠깐씩 열기도 했었어요. 하지만 가게를 시작할 생각은 없었기에 뜻밖의 일이였습니다"라고 이야기하는 아내 히로코 씨. 그때부터 재빨리 개점 준비를 시작합니다. 메뉴를 정하고, 인테리어의 일부를 직접했습니다.

가게 안으로 들어서면 커다란 카운터가 있고, 머핀과 스콘이 진열되어 있고, 좋은 빵 냄새가 가득합니다. 빵은 식감을 신경 쓰므로 현미 효모와 천연유기농 효모, 호시노 효모 3가지를 나누어 사용합니다. 폭신하고 큰 잉글리시 머핀과 사각형이 사랑스러운 스콘 등 10가지 정도입니다. 하나하나 엄선한 소재와 재법으로 만들어 인상 깊은 맛입니다. 국산 밀가루, 카놀라유, 첨채당으로 만든 과자는 소박한 단맛이 납니다. 그리움이 느껴지는 먹고 갈 수 있는 공간도 있어서 느긋하게 쉬었다 가고 싶어집니다.

1. 무심하게 장식한 꽃이 따스함이 있는 공간을 연출. 2. 중고 가게에서 구입한 모양이 제각각인 테이블과 의자에서 신기하게도 통일감이 느껴진다.

흰 벽에 검은색 바닥과 카운터가 인상적인 내부. 원래 와인 바였던 공간이라 전체적으로 어두운 인상이었지만 과자가게답게 직접 흰색으로 벽을 칠하고 입구 옆에 새로 창을 만들어 빛이 들어오게 해서 밝은 인상을 줍니다. 테이블 세트는 구니타치 시의 중고품 할인판매점인 《LET'EM IN》에서 샀습니다. 고풍스러운 분위기의 등받이가 달린 의자와 알전구가 자아내는 부드러운 불빛이 가게 안을 차분한 분위기로 만듭니다.

Interior
와인 바였던 가게 안을 밝게 리모델링

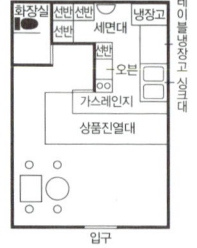

권리금이 있던 이전 와인 바의 배치를 그대로 사용해 가게를 잘 활용

건물 구하기

구니타치 주변에서 공방으로 사용할만한 작은 가게를 찾고 있었습니다. 지금 점포는 기존 계획보다 넓었지만, 과자와 빙수를 먹고 갈 수 있는 공간이 나오는 평수라는 점이 마음에 들었다고 합니다. 역에서 도보로 20분 정도 떨어져 있지만 버스정류장이 가깝다는 점, 주택가이지만 유동인구가 많다는 점이 결정적이었습니다. 《타이야키 가게 유이》가 동네에서는 널리 알려진 편이라, '유이'를 통해서 과자점을 홍보했습니다.

주방은 이전 와인 바였던 주방을 그대로 사용해서 설비비를 절감했습니다. 가스 설비 등은 가정용이었기 때문에 용량에 맞게 린나이 가스레인지를 도입했습니다.

주방은 매장보다 한층 낮아 카운터 안이 손님 쪽에서 훤히 보입니다. 항상 깨끗하게 정돈된 상태로 유지하며, 바구니를 사용하거나 재료를 담는 용기를 통일하고 매다는 수납법을 활용해서 깔끔하게 보이도록 노력했어요.

1. 작은 탁상믹서는 동네 《가키야 베이글》이 보증할 만큼 사용하기 편하다. 2. 보여주는 수납법을 잘 활용하고 있다.

Kitchen
깔끔하고 알찬 주방

가스 오븐은 레인지 기능도 있는 컨벡션 타입을 사용

설비표

오븐: 린나이 가스 고속오븐 컨벡스(신품)
발효기: 홈메이드 협회(신품)
냉장고: 호시자키, 후쿠시마(중고)
탁상믹서: 아이코샤 제작소 레디 셰프(신품)

Menu
효모에 노력을 응축한 라인업

스콘
마롱글라세, 말차와 화이트초콜릿 스콘은 유제품을 사용하지 않고 소재의 단맛을 끌어낸다. 각 280엔 (소비세 포함)

그린 레이즌 식빵
호시노 효모와 천연유기농 효모를 배합해 발효. 철분이 듬뿍 든 청건포도를 넣었다. 하프 사이즈 420엔 (소비세 포함)

잉글리시 머핀
현미 효모로 발효한 반죽. 가로로 포크를 넣어서 반으로 잘라 바삭하게 구워 먹는 방법을 추천. 230엔(소비세 포함)

캐롭과 참깨 쿠키
코코아 대용으로 사용하는 카페인이 들어있지 않은 캐롭과 참깨를 듬뿍 넣었다. 360엔(소비세 포함)

땅콩버터 샌드위치
땅콩처럼 생긴 산 모양 빵으로 샌드. 수제 땅콩버터는 단맛이 적고 알갱이가 느껴지는 식감. 230엔(소비세 포함)

동물 비스킷
재미있는 모양의 동물 비스킷은 바삭하고 향긋해서 어딘가 향수를 자극하여 선물용으로도 인기가 많다. 각 150엔(소비세 포함)

단팥빵
《타이야키 가게 유이》의 팥소를 현미 효모 반죽으로 감싼 두 사람의 장점을 잘 살린 메뉴. 230엔(소비세 포함)

효모를 사용한 반죽과 속 재료의 조합을 연구

자연식 카페 주방에서 근무했던 경험도 있어 안심하고 가볍게 먹을 수 있는 상품을 내는 것이 목표입니다. 과자와 빵은 전문적으로 공부하진 않아서 감으로 메뉴를 만들며 빵 종류와 효모의 궁합, 안에 넣는 속 재료와의 균형 등을 고려해 스스로 납득할 수 있는 상품만을 만듭니다. 먹고 갈 수 있는 공간도 있어서 따뜻하게 마시는 사과 주스 등의 음료도 구비하며, 느긋하게 쉴 수 있는 곳으로 만들려고 고심하고 있습니다.

메뉴 포인트

- ☑ 천연효모를 빵에 따라 3종류로 나눠서 사용
- ☑ 달걀, 유제품을 사용하지 않는 빵도 많음
- ☑ 가짓수는 많지 않지만 자신 있는 제품만 진열

Topics
이동 판매 《타이야키 가게 유이》를 가을~봄에 영업

남편 나오키 씨는 가을부터 봄에 걸쳐서 구니타치를 중심으로 이동하는 타이야키 가게를 엽니다.

콘셉트

1. 팥소가 든 타이야키 단일 메뉴를 '하나씩' 정성을 들여 굽는다.
2. 정해진 요일에 같은 장소를 찾아 신뢰를 얻어 지역에 밀착

수·토/아히루노이에(구니타치시 히가시 1-15-4)
목/카페 겐(구니타치시 나카 2-19-107)
금/히로시마야(구니타치시 후지미다이 1-7-125)
Open. 11:30~소진 시까지
날씨에 따라 장소 변경 있음.
Close. 일·월·화 정기휴무. 여름은 휴업.

구니타치 시내를 돌아다니며 이동식 손수레에서 판매하는 《타이야키 가게 유이》. 요일별로 술집과 카페, 채소가게 앞 등 장소를 바꾸고, 일요일에는 이벤트에 주로 나갑니다. 타이야키는 틀로 '한 마리씩 굽는' 옛날 방식 그대로입니다. "아이부터 어른까지 좋아하는 일상적인 간식을 만들고 싶었어요"라고 나오키 씨는 말합니다.

무농약, 무화학비료로 재배한 홋카이도산 팥을 매일 삶아낸 팥소와 국산 밀가루, 천연소금으로 만든 단순한 반죽. 기온과 습도가 변하는 실외라서 틀의 온도를 하나씩 피부로 확인하며 매일 타이야키를 정성스레 굽고 있습니다.

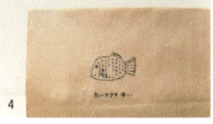

1. 껍질은 얇고 바삭하며 팥소는 듬뿍 들어 있다. 1개 150엔(소비세 포함). 하루에 300개 팔리는 날도 있다. 2. 맛을 결정하는 팥소 3. 따끈따끈하게 맛볼 수 있도록 항상 갓 구워내서 제공한다. 4. 애교가 가득한 타이야키 스탬프가 찍힌 포장 봉투

Interview

제철재료를 이용해 손으로 직접
만들어 제공하고 싶다

Q.1
여름 인기 메뉴인 빙수에
대해 알려주세요.

시럽은 모두 제철 과일을 사용한 수제입니다. 타이야키에 넣는 같은 팥소를 이용한 메뉴와 그 자리에서 내린 말차를 사용하는 등 직접 만드는 걸 중요하게 생각합니다.

Q.2
전혀 다른 아이템을 내놓는 것에
대한 손님의 반응은?

3년 동안 서서히 손님에게 침투했기 때문에 빙수를 기대하신 분이 많았습니다. 빙수는 줄을 서야하지만, 구움 과자를 사는 분은 줄을 서지 않고 가게로 들어올 수 있도록 고심하고 있습니다.

Kakigori

Q.3
부부가 가게를 함께하는 장점을
알려주세요.

기본적으로는 각자 독립적으로 운영하지만, 상품을 구상하다 헤맬 때는 시식을 하며 조언을 구하기도 합니다. 상대방의 일을 이해하니 서로 협력할 수 있는 면도 많습니다.

Q.4
제공하는 메뉴에 따라 고객이
바뀌나요?

빵과 과자는 일상적으로 먹는 것이라 동네 분들이 중심입니다. 빙수는 입소문이나 인터넷 평을 보고 멀리서 오시는 분들이 많습니다.

Advice

유이 히로코 씨
Hiroko Yui

Taiyaki!!

Data
데이터로 보는 《타이야키 가게 유이》와 《과자점 미모자》

개업일
2012년 11월 7일

개업자금
200만 엔

점포 취득비: 35만 엔
인테리어비: 13만 엔
집기·비품비: 30만 엔
광고 선전비: 5만 엔
운전 자금: 115만 엔
모두 자비

점포 면적
8평

객 단가
1,000엔

1일 평균객수
30명

직원
오너 2명

Point.1
자비로 개업할 수 있도록 인테리어비와 공사비를 줄이다.
본인 자금만으로 개업하고 싶었기에 인테리어비와 공사비는 적극적으로 줄였습니다. 가스 용량도 적게 쓰는 오븐을 사용합니다.

Point.2
월세를 아끼기 위해 재빨리 개업 준비
8월에 계약해서 오픈이 11월로 준비 기간이 짧은 만큼 인테리어 공사와 시제품 만들기 등으로 빡빡한 스케줄이었습니다.

매년 여름 《과자점 미모자》의 영업은 일단 중지하고 빙수 가게로 변신합니다. 그 동안 아내 히로코 씨는 빙수 가게 직원이 됩니다(일부 스콘과 구움 과자를 판매). 현재 빵이 진열된 카운터 공간에도 손님이 앉으며, 옛날 방식 그대로인 기계를 손으로 돌려 만든 빙수를 제공합니다.

《타이야키 가게 유이의 빙수》 10:00~18:00 월·화 정기휴일 6~10월까지

지금까지의 여정

2009년 《타이야키 가게 유이》 오픈
이전까지는 각자 음식점에 근무했으며, 타이야키 가게를 오픈한 후에도 히로코 씨는 카페 근무를 계속하다.

2012년 8월 건물 계약
급거 개업을 결정하여 급속도로 작업을 진행하다.

2012년 11월 《과자점 미모자》 오픈
여름철은 《타이야키 가게 유이의 빙수》로 영업을 변경

하루의 흐름

5:30 출근
재료 준비 시작. 순차적으로 과자와 빵을 굽는다.

11:00 오픈
매장에서 먹고 가는 손님을 위한 음료 제공 등도 오픈과 동시에 한다. 오후부터 다음날 판매할 빵을 준비하기 시작한다.

17:00 폐점
정리와 재료 준비 등을 한다.

21:00 귀가

05
Sweet

미레이네 ミレイネ
mirayne

안심하고 먹을 수 있는 맛있는 과자를 목표로

시부야구 니시하라 3-24-8 노구치빌딩 1F
渋谷区西原 3-24-8 野口ビル 1F
Tel. 비공개
Open. 12:00~18:00
Close. 일요일, 수요일
http://mirayne.com

Story

매크로바이오틱 붐의 선구자

요요기우에하라의 한적한 주택가, 역에서 그리 멀지 않은 꼬불꼬불한 골목길 중간에 있는 《미레이네》.
《미레이네》의 주인은 세 자녀의 어머니인 아키바 미와 씨입니다. 회사원이었던 아키바 씨는 어린이집과 초등학교에 다니는 아이들의 생활에 맞춘 일을 하고 싶어서 개업을 생각하게 되었습니다.

"큰아이의 피부가 좋지 않은 편이라 매크로바이오틱(macrobiotic: 식품을 있는 그대로 섭취하기 위해 제철 음식을 뿌리부터 껍질까지 통째로 먹는 식습관)을 독학으로 공부했어요. 식사와 도시락은 물론이고 과자도 직접 만들었기에, 독립해서 일을 한다면 이거라고 생각했습니다."

당시 집에서 만들던 과자는 설탕을 사용하지 않고 소량의 맛술로 단맛을 냈습니다. 많은 사람이 좋아할 수 있도록 개량해 동물성 식품을 일절 사용하지 않는 머핀 5가지와 쿠키 2가지 라인업으로 시작했습니다. 이후 과자 판매 외에 몇 가지 델리와 빵, 수프로 구성한 런치 메뉴를 시작했습니다. 때마침 건강 지향적인 생각과 음식에 대한 의식이 높아져 미디어에서 종종 가게를 거론하면서 일약 주목받게 되었습니다.

"런치 영업은 토·일요일은 줄을 설 정도로 성황이었습니다. 다만 재료 준비와 메뉴 결정 같은 작업도 해야 하고, 빵도 가게에서 구워야했기 때문에 일이 너무 많았어요. 제가 하고 싶었던 건 매크로바이오틱 과자를 필요한 사람에게 전하는 일이라서 2013년에 런치를 그만두었습니다. 현재는 초심으로 돌아가 인터넷 과자판매에 주력하고 있습니다."

회사원 시절 경리 일을 했던 경험이 있어 숫자 개념은 정확합니다. 그런 경영 감각으로 많은 사람에게 안심할 수 있고 안전하며 맛있는 과자를 전하고 있습니다.

1. 작가인 친구가 그려준 작은 그림이 가게 곳곳에. 가게에서는 그림도 판매한다. 2, 3. 유럽의 분위기를 느낄 수 있는 인테리어

Interior
고가구를 배치해 온기가 느껴지는 공간으로

남프랑스산 앤티크 문을 열고 안으로 들어서자 화이트를 기조로 한 깔끔한 공간에 과자가 예쁘게 진열된 커다란 쇼케이스가 눈에 확 들어옵니다. 오래된 건물과 어울리는 따스함이 느껴지는 앤티크 제품을 잘 배치한 '약간의 비일상성'을 살린 인테리어입니다. 가게 앞에는 작은 테라스도 있어 큰 창으로 푸른 풍경이 보이는 기분 좋은 공간입니다. 음식점이던 점포라 권리금을 줬고 추가로 가스, 수도 공사와 창을 크게 내는 등 리모델링을 한 부분도 있어서 인테리어 비용은 애초 예상보다 예산을 초과했습니다. 여자 혼자서 업자와 교섭하는 일이 힘들다는 점도 느꼈습니다.

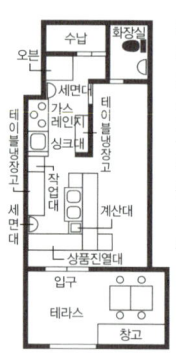

주방과 매장 모두 작지만 알차게 집어넣은 좁고 긴 점포. 안에서 먹고 갈 수 있는 공간이던 곳은 현재는 인터넷 판매를 위한 작업용 공간으로 활용.

건물 구하기

'알기 힘든 위치에 있어야 찾는 맛도 있어서 사람이 모일 것'이라고 생각해 역에서 가깝긴 하지만 찾기 힘든 장소를 조건으로 건물을 구하기 시작했습니다. 주택가의 좁은 골목 안이지만 바로 옆에 레트로한 외관으로 유명한 공중목욕탕이 있어 쉽게 장소를 설명할 수 있다는 점이 결정적이었습니다. 먹고 갈 수 있는 공간을 만들기로 정하고 그에 맞는 평수를 찾으러 다녔습니다.

1. 갓 구운 딸기와 석류 타르트를 자른다. 생과자는 계절에 맞는 식재료를 사용 2.3. 한정된 주방을 적절히 활용

Kitchen
오픈 키친은 깔끔해 보이도록 연구

30년간 양식점이었던 주방은 그대로 두고 화이트를 중심으로 한 밝은 공간으로 리모델링했습니다. 카운터 너머로 주방이 보이기에 조리기구는 매달거나, 위쪽 선반에 올려두는 등 정연해 보이도록 고심했습니다. 주방기기는 소형에 기능적이었던 초대 양과자점《베이키(ベイキー)》를 참고해서 배열했습니다. 오븐은 작지만 5단이라 효율적으로 작업할 수 있는 린나이 제품을 골랐습니다. 런치 영업을 그만둔 후에는 먹고 갈 수 있는 공간에서 베이킹 교실을 열었지만, 현재는 인터넷 판매를 위한 포장 작업장으로 사용합니다. 앞으로는 인터넷 판매를 위한 공방으로 개조할지 여부를 검토하고 있습니다.

수납에 대해
점포는 8평으로 점포 안쪽에 작은 공간이 있긴 하지만 수납 장소가 한정적이다. 그래서 테라스에 창고를 설치해서 활용하고 있다.

설비표

오븐:	린나이(신품)
냉장고:	호시자키(신품)
커피 서버:	드롱기(신품)

Menu

매크로바이오틱이기 때문에 맛볼 수 있는 '맛있음'을 추구

피넛버터 케이크
유기농 땅콩버터를 듬뿍 사용한 부드럽고 농후한 식감의 케이크. 540엔(소비세 포함)

바나나 머핀
바나나와 아보카도의 찰기로 부풀린 오리지널 레시피. 촉촉한 반죽에 피칸을 토핑. 270엔(소비세 포함)

오독오독 쿠키 블랙 코코아
씹는 맛이 좋은 쿠키에 유기농 코코아, 블랙 코코아를 섞은 블랙 쿠키. 입안에서 녹는 어른의 맛. 540엔(소비세 포함)

바삭바삭 쿠키 레몬
레몬 모양을 한 작은 쿠키는 국산 무농약 레몬향이 상쾌하다. 신맛과 단맛의 균형이 절묘하다. 540엔(소비세 포함)

사르륵 쿠키 플레인
견과류를 듬뿍 넣은 쿠키에 첨채당 가루를 입힌 미네랄이 풍부한 쿠키. 마치 와산본(일본제 고급 백설탕) 같은 고급스러운 단맛이 퍼진다. 594엔(소비세 포함)

그래놀라 스트로베리&로즈
유기농 오트밀과 견과류로 만든 그래놀라에 냉동 건조한 딸기 파우더와 장미꽃잎으로 화려하게 장식했다. 864엔(소비세 포함)

술지게미 크래커 드라이 토마토
데라다혼케의 술지게미를 사용해 은은한 짠맛과 치즈 같은 풍미. 유기농 토마토 페이스트와 드라이 토마토를 사용. 756엔(소비세 포함)

집에서 직접 사용한 재료를 사용

초기에 집에서 만들던 과자에는 대부분 단맛이 없어서 보다 폭넓게 좋아할만한 재료를 고심했습니다. 국산 밀가루, 무조정 두유, 천연소금, 약품 처리하지 않은 압착 카놀라유 등 집에서 쓰려고 까다롭게 고른 식재료를 바탕으로 미정제 첨채당, 아가베 시럽 등을 이용해 단맛을 더했습니다.

메뉴 포인트

- ☑ 버터, 우유, 달걀 등 동물성 식품, 설탕을 사용하지 않음
- ☑ 미정제 첨채당, 아가베 시럽 등으로 단맛을 냄
- ☑ 스파이스나 허브를 사용한 어른의 입맛에도 잘 맞는 과자도 있음

멕시코가 원산지인 용설란에서 채취한 아가베 시럽. 보기에는 메이플 시럽 같지만, 단맛이 강하다.

Point 단품과 세트, 고객이 자유로이 쇼핑할 수 있 도록 모두 판매

Point 배송시간이 조금 걸리기에 배송일은 인터넷 으로 확인할 수 있도록 공지

Topics
온라인 판매를 전개

매크로바이오틱 과자라는 특징을 살려
온라인 판매를 시작

'가게뿐만 아니라 필요로 하는 사람에게 과자를 전하고 싶다'는 생각에서 시작한 온라인 판매. 개설 당시에는 다른 서버였지만 현재는 사용하기 편한 컬러미숍(온라인 쇼핑몰)을 이용합니다. 사이트 디자인은 가게 인테리어에 맞춘 깔끔한 디자인으로 디자이너인 지인에게 의뢰했습니다. 온라인숍에서 가장 중요한 상품 촬영은 개점 당시부터 함께 작업한 프로 카메라맨에게 부탁했습니다. 사이트 갱신, 메일 대응 등은 가게 영업과 동시에 진행하여 주 1회 주문 마감일이 있고, 마감 8일 뒤에 발송하는 요일 고정 시스템을 도입해 제조와 발송 작업을 한 번에 처리합니다.

최대 특징이자 장점인 원재료는 상품을 클릭하면 모두 확인할 수 있게 표시합니다. 음식에 신경쓰는 분들이 선물용이나 추석 선물, 새해 선물 등으로 이용하는 경우가 많다고 합니다.

상자에 든 선물 세트는 4개~12개까지 가능하다. 추천 쿠키 4종 선물 세트 2,350엔(소비세 제외)

기본 시스템

서버명 / 컬러미숍
결제 방법 / 은행 입금, 대금 인환, 신용카드
택배 운송업자 / 야마토 운송
운송 업자 선택 이유 / 사용하기 편한 것, 담당자의 인품
발송 / 수요일까지 들어온 주문을 다음 주 목요일에 발송
배송일은 금, 토, 일로 지정

Interview
내 가게를 갖고 있으면 다양한 일에 도전할 수 있다

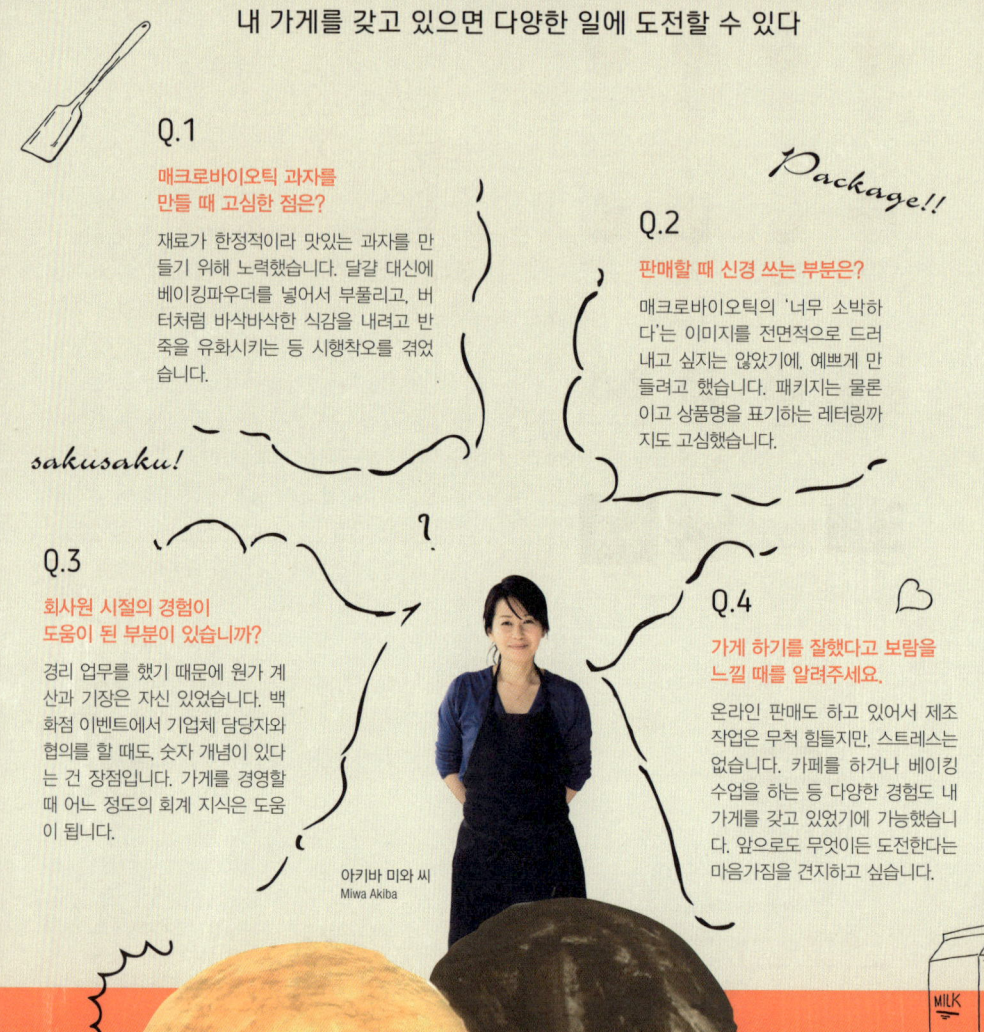

Q.1 매크로바이오틱 과자를 만들 때 고심한 점은?

재료가 한정적이라 맛있는 과자를 만들기 위해 노력했습니다. 달걀 대신에 베이킹파우더를 넣어서 부풀리고, 버터처럼 바삭바삭한 식감을 내려고 반죽을 유화시키는 등 시행착오를 겪었습니다.

Q.2 판매할 때 신경 쓰는 부분은?

매크로바이오틱의 '너무 소박하다'는 이미지를 전면적으로 드러내고 싶지는 않았기에, 예쁘게 만들려고 했습니다. 패키지는 물론이고 상품명을 표기하는 레터링까지도 고심했습니다.

Q.3 회사원 시절의 경험이 도움이 된 부분이 있습니까?

경리 업무를 했기 때문에 원가 계산과 기장은 자신 있었습니다. 백화점 이벤트에서 기업체 담당자와 협의를 할 때도, 숫자 개념이 있다는 건 장점입니다. 가게를 경영할 때 어느 정도의 회계 지식은 도움이 됩니다.

Q.4 가게 하기를 잘했다고 보람을 느낄 때를 알려주세요.

온라인 판매도 하고 있어서 제조 작업은 무척 힘들지만, 스트레스는 없습니다. 카페를 하거나 베이킹 수업을 하는 등 다양한 경험도 내 가게를 갖고 있었기에 가능했습니다. 앞으로도 무엇이든 도전한다는 마음가짐을 견지하고 싶습니다.

아키바 미와 씨
Miwa Akiba

Data
데이터로 보는 《미레이네》

개업일
2010년 4월 12일

개업자금
2,000만 엔

점포 취득비: 200만 엔
인테리어비: 500만 엔
집기·비품비: 100만 엔
광고 선전비: 0엔
운전자금: 1,200만 엔
모두 자비

점포 면적
8평

객 단가
2,500엔

1일 평균객수
15~16명

직원
오너 +
아르바이트 5~6명

Point.1
자금이 풍부한 상태에서 시작
회사원 시절에 자산운용 등으로 모아둔 돈이 있어서 자금은 풍부한 상태. 운전 자금도 있어서 시작할 때 그리 불안하지는 않았습니다.

Point.2
인테리어에는 돈을 들였다
독창적인 공간을 만들기 위해 앤티크 문과 진열장을 사용하고, 창을 크게 내는 등 인테리어에는 예산을 충분히 사용했습니다.

개업 당시에는 정기휴무가 없었지만, 지금은 일요일·수요일을 정기휴일로 정하고 쉬니까 오히려 생산성이 높아졌습니다. 정기휴일은 인터넷 주문에 대한 답변 정도의 작업만 합니다. 아침이 이르기 때문에 늦게까지 작업을 하지 않도록 신경 쓰며, 대신 아이들과 보내는 시간은 확실하게 챙겨서 육아와 일을 병행하고 있습니다.

지금까지의 여정

2010년	회사 퇴직
	가게 개업을 결심하고 퇴직
2010년 2월	건물 계약
4월	인테리어 공사 종료
5월	구움 과자 카페로 개점
	채식주의자를 위한 런치 제공 개시
2014년 7월	인터넷 판매 시작
	카페 영업을 그만두고 과자의 테이크아웃 판매와 인터넷 판매만으로 전환
2015년	에비스 미쓰코시 백화점에 2호점 오픈

하루의 흐름

5:00	기상
	아이들 도시락 만들기 등 집안일을 한다.
6:30	출근
	재료 준비, 굽기
9:30	개점
18:00	폐점
	다음날 판매할 준비와 인터넷 판매 문의에 답변
21:00	퇴근
23:00	취침

06
Sweet

에테(Été)

한 사람 한 사람의 희망에 맞춘 과자를 전하다

http://ete-okashi.com

Story 주문 제작 전문 아이싱쿠키

'고객 한 사람 한 사람의 희망에 딱 맞춘 과자를 만들어서 전하고 싶다.' 이것이 Été의 노마이 나오 씨의 출발점입니다.

노마이 씨는 제과전문학교 졸업 후, 요코하마의 한 호텔 제과 부문에 취직했습니다. 웨딩 관련 업종에서 일한 후, 카페에서 근무하다 출산을 위해 퇴직하고 그후 주문 제작 아이싱 쿠키 판매를 시작합니다.

주문은 SNS로 받고 고객과 하나하나 상의합니다. 쿠키 모양과 원하는 색 등을 물어보고 상품을 만듭니다. 무척 품이 드는 방법이지만 '정해진 과자를 매일 만드는 것보다 고객의 마음을 상상하면서 만드는 편이 즐겁다'고 합니다. 출산 축하나 파티 답례용 과자 주문이 많습니다.

인터넷 판매 배송처리 등 사무 작업도 많아서 충분한 작업 공간을 확보

Shop & Kitchen
부담되지 않도록 최소한으로 창업

갑작스러운 창업으로 자금이 없었기에 첫 아틀리에는 2평 반 남짓의 원룸이었습니다. 싱크대와 문을 달고 바닥을 까는 등 가능한 부분은 직접 작업했습니다. 현재는 본격적인 인터넷 쇼핑몰을 시작해 좀 더 넓은 맨션으로 이전했습니다. 가정용 2단 오븐을 사용하며 설비는 앞으로도 늘려야 하지만 지금까지 모은 쿠키 틀과 구움 과자 틀을 사용해 고객의 희망에 맞춘 상품을 만들고 있습니다.

1. 아이싱 쿠키에 사용하는 틀은 200개 정도 구비
2. 구움 과자 틀은 와인 상자에 넣어서 수납

배송 방법

인터넷 쇼핑몰에서는 아이싱 쿠키 주문 외에도 구움 과자 몇 가지와 음료를 세트로 만든 '금요일 밤을 위한 세트' 3,240엔(소비세 포함)를 판매합니다.

기본 시스템

서버명/컬러미숍
결제 방법/은행 입금, 신용카드
택배 운송업자/야마토 운송
운송 업자 선택 이유/인터넷 판매 서비스 'YES!'를 이용
발송/수요일까지 들어온 주문을 다음 주 수요일에 발송. 배송일은 금, 토, 일로 지정

Menu
단 하나뿐인 쿠키와 구움 과자

얼그레이와 레몬 콩피 파운드케이크
촉촉한 반죽에 홍차의 향과 소금에 절인 레몬의 신맛과 짠맛이 잘 어울린다.
1,620엔(소비세 포함)

별 아이싱 쿠키
밤하늘에 뜨는 별이 생각나는 쿠키 세트. 아이싱 쿠키는 1세트 1,296엔 (소비세 포함)~

붉은 실 아이싱 쿠키
결혼식 답례품으로 인기가 많다. 붉은 실로 이어져 있다는 이야기를 떠올리게 하는 디자인.

손모양, 발모양, 턱받이 쿠키
가족끼리 아기의 생일을 축하하는 경우, 이름과 생일, 출생 시 체중 등을 넣어달라는 요청이 많다.

블랙 코코아와 감귤 타르트
감귤을 올려 구운 단맛과 살짝 쓴 맛이 나는 촉촉한 타르트.
1,944엔(소비세 포함)

오리지널 블렌딩 허브티
인터넷 사이트에서는 '근사한 간식 시간 BOX'를 기획. 구움 과자와 허브티나 차이티 등을 세트로 판매.

피넛버터 머핀
바삭한 크럼블은 상쾌한 민트향. 반죽에 넣은 땅콩버터와의 조합이 신선하다. 378엔(소비세 포함)

아이싱 쿠키는 아기의 생일 축하용으로 인기

선물용으로 주문이 많은 아이싱 쿠키는 기념이 되므로 여러 가지 모양을 조합해서 이름과 기념일을 넣어 만듭니다. 섬세하게 색을 사용해서 그림책 속에서 툭 튀어나온 것처럼 귀엽습니다. 구움 과자는 쿠키와 세트로 주문하거나, 주문한 고객이 간식용으로 함께 주문하는 경우가 많다고 합니다. 나이든 고객도 많아서 버터 사용을 자제하고 담백하게 만듭니다.

메뉴 포인트

- ☑ 쿠키 틀은 200가지 가운데서 고른다. 색도 독자적으로 배합한다.
- ☑ 축하용 과자는 메일을 주고받으며 고객의 의향을 묻는다.
- ☑ 구움 과자 반죽의 배합은 고객의 취향에 맞춘다.

Data
데이터로 보는 《Été》

개업일
2013년 7월 1일

개업자금
55만 엔

점포 취득비: 9만 엔
인테리어비: 15만 엔
집기·비품비: 25만 엔
광고 선전비: 1만 엔
운전자금: 3만 엔
잡비: 2만 엔

객 단가
3,000엔

직원
오너 1명

Q.1 창업을 위해 한 일은?
경영에 관해서는 책을 읽고 공부했습니다. 인터넷 사이트는 검색창 상위에 걸릴 수 있도록 연구했습니다. 많은 사람에게 알릴 수 있게 노력하고 있습니다.

Q.2 일을 할 때 힘든 점은?
낮 동안에 제작하고 밤에는 주문 메일에 답변하므로 시간이 불규칙적이라는 점입니다.

Q.3 육아와 일의 병행은?
어린이집에 보내지 않고 시간제 보육을 이용하거나 가끔 작업장에 데리고 옵니다. 아이가 좀 더 자라면 일을 늘릴 예정입니다.

노마이 나오코 씨
Naoko Noumai

Q.4 앞으로 해보고 싶은 일은?
지방 농가에서 만드는 명품과 구움 과자를 세트로 만들어서 판매하고 싶습니다. 인터넷 사이트가 자리를 잡으면 실제 점포도 언젠가는 갖고 싶습니다.

지금까지의 여정

2007년 4월	제과학교 졸업, 취직 요코하마 소재 호텔 제과 부문에 취직
2009년 3월	카페로 전직 나카메구로의 카페에서 과자를 담당
2012년	결혼, 출산을 계기로 퇴직 아이가 6개월이 되었을 때 창업을 위해 자택 주변에서 건물을 알아보기 시작
2013년	Été를 개업 시부야 파르코의 갤러리에서 과자를 도매 판매. 페이스북 등을 사용해 주문을 받기 시작
2014년 말	아틀리에 이전 인터넷 쇼핑몰 오픈을 위해 작업 공간이 있는 2LDK 맨션으로 이전
2015년	인터넷 쇼핑몰 오픈

일주일의 흐름

월요일	준비, 굽기
수요일	전 주에 주문받은 분량을 월요일~목요일에 제조
목요일	전 주 주문량 발송 작업, 다음 주 발송분 주문 마감
금요일	식자재 발주, 시제품 만들기 주문 메일에 답하고, 어떤 상품으로 만들지 아이디어를 내서 시제품을 만든다. 식자재 발주도 한다.
토요일	휴식
일요일	주문 메일을 주고받거나 사무 작업을 한다.

07 Sweet 화과자 공방 이토 糸 ito
wagashikoubou ito

http://ito-wagashi.com

화과자를 좀 더 친숙하게 느끼면 좋겠다

Story 어릴 적부터 끌렸던 화과자를 직업으로

《화과자 공방 이토》를 운영하며 이벤트 참여를 위주로 활동하는 이토카즈 사에 씨. 화과자는 어릴 적에 선물로 이따금 받는 정도였지만, 그 모양과 색감이 어쩐지 마음에 남았다고 합니다. 대학을 다니다 병으로 휴학하면서 음식과 관련된 일을 하고 싶다고 생각하게 되었습니다. 가장 먼저 머리에 떠오른 것은 어릴 적부터 마음이 끌렸던 화과자였습니다. 그 후 교토의 화과자점을 찾아다녔고, 대학 졸업 후에는 제과전문학교 화과자 코스에 입학합니다. 재학 중에 연수를 받으러 들어간 노포 화과자점 주인에게 많은 것을 배웠다고 합니다. "교토의 화과자는 추상적인 모양과 고급스러운 맛으로 하나의 작품이라고 할 수 있습니다. 화과자의 매력을 더 많은 사람에게 알리고 싶었고, 노포만큼은 아니지만, 화과자의 저변을 넓히고 싶다는 생각으로 활동하고 있습니다."

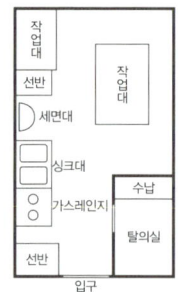

공방은 화과자 만들기에 집중할 수 있는 단순한 구조. 지금은 큰 기기도 필요하지 않아서 냉장고도 가정용으로 충분하다고 한다.

Event & Shop
대면 판매를 중시해 이벤트를 중심으로 활동

평일은 온라인 판매와 오더메이드, 토·일요일은 이벤트 참여를 중심으로 활동합니다. 큰 이벤트에는 7~8종류의 화과자를 합계 300개 정도 만들며, 시간은 약 이틀이 걸린다고 합니다. 상품을 들고 전철로 행사장까지 이동하는 경우도 있어서 부담은 되지만 손님과 직접 얼굴을 보고 판매하는 이벤트는 귀중한 기회입니다. 꾸준히 참여하다보니 단골도 생겨 조기에 매진되기도 합니다. 주로 화과자의 분위기와 어울리는 이벤트에 참여하고 있습니다.

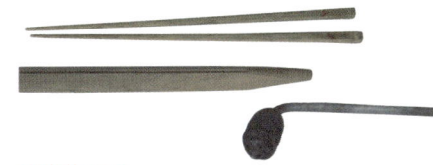

좋아하는 도구
(위) 화과자 세공용으로 사용하는 긴 통 젓가락. 연수했던 화과자점 사장님이 직접 나무를 깎아서 만든 것. **(가운데)** 네리키리의 모양을 성형할 때 사용하는 삼각형 주걱 **(아래)** 만주에 사용하는 물떼새 낙인도 사장님의 선물.

도쿄 주조에서 열린 이벤트 '니지이로 시장'의 모습. 날씨가 나빴음에도 불구하고 《화과자 공방 이토》의 부스에는 손님의 발길이 끊이지 않습니다.

상품은 화과자용 용기에 하나씩 담아서 판매. POP는 친숙하게 느껴지게 손 글씨로 만들었습니다.

Menu
예술성 높은 교토 화과자가 목표

사케 만주
만주 피에 에히메 술지게미 풍미를 풍성하게 살린 찜 만주. 물떼새 낙인은 교토 연수처 사장님께 받은 것. 180엔(소비세 포함)

늠름하게
갤러리 등의 이벤트에 제공하는 세미오더 화과자. 희미하게 푸르스름한 색이 아름답다. 세미오더는 300엔(소비세 포함)

당신은 어디에
전통 공놀이의 공을 모티브로 옅은 색을 사용해 네리키리의 표면에 홈을 넣은 것. 가메이라는 이름은 공놀이의 전래동요에서 따왔다. 세미오더 제품.

콩 다이후쿠
통팥 앙금을 부드러운 규히로 감싼 콩 다이후쿠는 적완두콩의 적당한 짠맛이 절묘하다. 계절에 상관없이 인기. 220엔(소비세 포함)

술지게미 양갱
에히메현의 맛있는 술지게미와 강낭콩으로 만든 진귀한 양갱. 입에 넣으면 확 퍼지는 술지게미 향은 어른의 맛. 210엔(소비세 포함)

구운 이끼
말차를 넣은 만주 피로 통팥앙금을 싼 차쓰라고 하는 과자. 철판에서 구워 겉은 바삭하고 속은 촉촉하다. 200엔(소비세 포함)

벌꿀 만주
이토카즈 씨의 동네인 미야자키현 다카하라초에서 채취한 벌꿀을 백앙금에 듬뿍 넣은 일품. 200엔(소비세 포함)

많은 사람의 마음에 전해지는 매력적인 화과자를

교토의 화과자를 기본으로 하지만 단맛을 줄여서 많은 사람이 좋아할 수 있도록 연구합니다. 소재는 홋카이도산 팥, 미야자키의 벌꿀, 교토의 백앙금 등 국산만을 엄선해 사용합니다. 또한, 주문받은 화과자는 주문에 따라 발랄하거나 예술적인 느낌을 줘서 다양한 사람에게 어필하는 상품으로 만든다고 합니다. 보기에도 즐거운 화과자를 만들려고 노력합니다.

메뉴 포인트
- ☑ 엄선한 국산 재료를 사용해 안전성을 추구한다
- ☑ 화과자의 매력이 전해지도록 화과자 모양을 아름답게 만드는 것을 중요시한다
- ☑ 주문 제작 상품은 교토다움을 바탕으로 해서 다양하게 만든다

Data
데이터로 보는 《화과자 공방 이토》

개업일
2013년 7월 1일

개업자금
250만 엔

점포 취득비: 100만 엔
집기·비품비: 100만 엔
운전 자금: 50만 엔
모두 자비

점포 면적
4평

객 단가
200~1,500엔

1일 평균객수
60명

직원
오너 1명

Q.1 화과자의 매력을 앞으로 어떻게 전하고 싶나요?
처음에는 네리키리의 매끈한 질감과 모양 등의 겉모습에 끌렸지만, 지금은 소박한 소재를 사용해서 되도록 다양한 표현을 추구합니다.

Q.2 교토의 화과자를 지향하는 이유는?
같은 꽃이라도 간토에서는 꽃을 본떠서 구체적으로 표현하지만, 교토의 고급 화과자는 추상적으로 표현합니다. 맛과 감성에 매료되었습니다.

Q.3 이벤트 이외에 현재 주력하는 일은?
화과자 만들기 워크숍입니다. 화과자를 직접 만들면서 좀 더 가깝게 느끼길 바랍니다. 출장 워크숍도 신청 받고 있습니다.

Q.4 앞으로 어떻게 전개할 생각인가요?
간단한 식사와 화과자를 먹고 갈 수 있는 가게를 열고 싶습니다. 지금은 매출 일부를 개업 자금으로 모으고 있습니다.

이토카즈 사에 씨
Sae Itokazu

지금까지의 여정

2007년	오사카 소재 대학 진학 인간과학부에 들어가 임상심리사를 목표로 공부했지만, 건강상의 문제로 휴학. 음식의 중요성을 깨닫고 화과자의 길을 걷기로 결정.
2011년	제과학교 교가시 학과에 입학 대학 졸업 후, 일본에서도 드문 교토의 제과학교 교가시 학과에 입학. 10명 정도의 학생 중 절반이 전국의 노포 화과자점의 상속자였다.
2013년	사이타마에 공방을 마련하다. 전문학교 졸업 후, 결혼. 남편의 직장 관계로 도쿄로 이사. 이벤트 참여를 중심으로 활동 개시.
2015년	9월에 도쿄 주조에 실제 점포 오픈

일주일의 흐름

월요일	주문 상품 제조, 발송 갤러리와 가게 이벤트에 참여할 창작 화과자 등 제조한다.
화요일	휴식
수요일	인터넷 판매용 상품 제조, 발송
목요일	인터넷 판매는 트위터를 이용해 상황에 따라 비정기적으로 주문을 받는다.
금요일	이벤트 판매 상품 제조
토요일	메인 판매 방법은 주말의 이벤트 참여. 규모에 따라서 200~300개를 제조한다.
일요일	이벤트에 참여 이벤트 참여 계획은 블로그와 트위터를 통해 알린다.

과자가게를
시작하려면

과자가게를 시작할 때 알아두면 좋을
간판 메뉴 구상하기,
포장 시 필수사항 표시,
식품 표시의 내용, 필요 설비에 대해
알려드립니다.

메뉴 구상하기

이번에 취재한 과자점의 간판 메뉴를 참고해
어떤 식으로 메뉴를 구상하면 좋을지 생각해봅시다.

01
가게의 간판 상품을 정한다

과자가게는 간판 메뉴가 매출의 절반 정도를 차지하는 경우가 많습니다. 애플파이나 마들렌 등 기본적인 상품이라도 '이 가게에서만 먹을 수 있는 맛'을 내는 것이 중요합니다.

어코드
과일을 그대로 큼지막하게 넣어 구운 머핀. 머핀 윗부분에 반죽을 많이 올려 봉긋한 모양이 특징입니다. 달지 않습니다.

에이미즈 베이크숍
신맛과 단맛, 바삭함과 촉촉함이 동시에 느껴지는 레몬&커스터드 머핀. 균형 잡힌 맛은 또 먹고 싶어집니다.

뉴욕 스타일!

타이야키 가게 유이
따끈따끈한 껍질 속에 듬뿍 들어간 따뜻한 팥소. 지금껏 사랑받아 온 소박한 간식이기 때문에 오히려 소재를 음미하게 됩니다. 전통적인 제조법을 고수합니다.

02
소재를 신경 쓴다

소재를 신경 쓰는 손님이 많으므로 원재료명과 그것을 고른 이유 등의 정보를 전달하면 장사가 잘되기도 합니다. 유아를 대상으로 한다면 알레르기 정보 표시도 하는 것이 좋습니다.

미레이네
동물성 식품을 사용하지 않은 비스킷은 안전하고 안심할 수 있는 간식을 찾는 분에게 특히 인기가 많습니다. 사용한 재료를 상세하게 표시하며 맛에도 신경 씁니다.

모리노 오하기
남성과 아이들에게 특히 인기가 많은 '혼조조 미타라시 잡곡떡.' 하카타의 노포 간장 가게의 재담금 간장을 넉넉히 사용한 달콤짭쪼름한 소스와 살짝 그을려서 구수한 떡과의 궁합은 발군입니다.

매크로바이오틱 쿠키

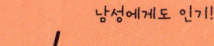

남성에게도 인기!

주문 제작!

에테
고객의 취향에 맞춰 주문 제작하는 구움 과자. 아이싱 쿠키 외에 타르트 등의 케이크도 주문 가능합니다. 정성스러운 서비스로 단골을 확보했습니다.

화과자 공방 이토 ito
이벤트에서 판매하는 화과자 외에도 교가시 정성이 담긴 네리키리도 세미 오더로 판매. 기술이 뒷받침되는 독창적이고 아름다운 상품이 주목을 받았습니다.

03
원가와 이익의 균형

모든 소재를 신경 써서 고르면 원가가 올라갑니다. 고집하는 부분과 가격을 낮출 부분의 균형을 고려합니다. 그리고 단순한 소재라도 겉보기와 맛, 양 등으로 만족감을 내는 것이 중요합니다.

포장과 필요 사항 표시하기

상품을 더욱 매력적으로 보이게 하는 포장. 외관을 신경 쓰는 것도 중요하지만, 가장 고려할 점은 상품을 위생적으로 안전하게 포장하는 것입니다.

과자와 빵의 패키지는 상품의 일부인 만큼 연구를 거듭해 만듭니다. 다만 위생과 안전에 문제가 없다는 것을 전제로 합니다. 봉투를 묶는 끈과 리본이 풀리기 쉽거나, 봉지가 얇아서 찢어지면 비매품이 됩니다. 게다가 판매한 후, 손님의 가방 속에서 봉지가 열려서 물건을 더럽히면 큰일입니다. 또, 보존성에서도 패키지는 제대로 봉인되게 만들 필요가 있습니다.

안전성을 높이기 위해서 쿠키와 구움 과자에는 필요에 따라서 방습제를 넣고, 식품 표시 스티커를 붙이고, 기계로 실링하는 등의 여러 방법을 사용해야 합니다.

그리고 패키지에 신경 쓰다 보면 이래저래 손을 대고 싶어지지만, 결국 경비가 올라갑니다. 돈을 들이는 건 적당히 하고, 그 이외의 부분을 고민하고 독창적인 아이디어를 생각하세요.

유통기한과 소비기한 (賞味期限과 消費期限)	가공식품은 JAS법(일본농림규격)에 따라 유통기한이나 소비기한 중 한 쪽을 명시해야 합니다.
유통기한(賞味期限)	맛있게 먹을 수 있는 기한을 말합니다. 3개월을 넘기는 경우 연월을 표시하고, 3개월 이내라면 연월일을 표시합니다. 냉장이나 상온에서 보존하는 상품에 사용하며 기한을 넘겨도 먹을 수 있습니다.
소비기한(消費期限)	오래 보존할 수 없는 상품에 사용하며, 기한을 넘기면 먹지 않는 편이 낫다는 뜻입니다. 이쪽은 기간과 상관없이 연월일로 표시합니다.
알레르기 표시 (アレルギー表示に関して)	식품위생법에 따라 알레르기를 유발하기 쉬운 물질은 가공식품에 표시하도록 규정합니다. 반드시 표시해야 하는 품목은 '새우, 게, 달걀, 우유, 밀가루, 메밀, 땅콩'의 7가지. 표시를 권장하는 품목은 '오렌지, 캐슈너트, 키위, 호두, 참깨, 대두, 바나나, 복숭아, 사과, 젤라틴' 등 20종입니다.

식품 표시의 내용 예시

JAS법(일본농림규격)을 토대로 한 '가공식품 품질 표시 기준'을 소개합니다. 2015년 4월에 개정되어 영양 성분 표시가 의무화되었습니다. 알레르기 표시와 첨가물 표시도 엄격해졌습니다.

명칭(名称)	양과자 ※상품의 내용을 표시하는 일반적인 명칭
원재료명 (原材料名)	밀가루, 식물유지, 난황(달걀을 포함), 설탕, 생크림(유성분을 포함)＊, 참깨, 유지가공품(대두를 포함)/＊가공전분, 향료 ※사용한 원재료를 중량 비율이 많은 것부터 순서대로 표시한다.
내용량 (内容量)	100g ※계량법을 토대로 그램, 밀리리터, 개수 등의 단위를 명기해서 기재한다.
상미기한 (賞味期限)	상단 기재 ※'20●●년 ●월 ●일'로 표시한다.
보존방법 (保存方法)	10℃ 이하에서 보존 ※'직사광선, 고온다습한 장소를 피한다' 등으로 표시.
제조업자명 (製造業者名)	●●과자점 도쿄도 지요다구●● 1-1-2 ※싱품 표시에 책임을 지는 업자의 이름·주소. 원칙적으로 제조업자.

* 알레르기 표시의 특정 가공품 폐지에 따라 생크림(유성분을 포함), 마요네즈(달걀을 포함)의 표기가 필요.
* 첨가물 이외의 원재료와 첨가물을 구별하기 위해 기호/와 개행, 별란(別欄) 등으로 구분해서 표시한다.

의무 표시는 열량, 단백질, 지방, 탄수화물, 식염상당량의 5항목

영양 성분 표시(栄養成分表示)

열량(エネルギー): 298kcal
단백질(タンパク質): 11.4g
지방(脂質): 10.9g
탄수화물(炭水化物): 38.5g
나트륨(食塩相当量): 0.3g

COLUMN

SHOWCASE & DISPLAY

쇼케이스와 디스플레이

디스플레이는 손님에게 상품을 어필하고 고르는 즐거움을 제공하는 장소. 상품을 더욱 매력적으로 보일 수 있게 점포마다 나름대로 고심했습니다.

에이미즈 베이크숍
가게에 들어서면 바로 곁에 있는 가로로 긴 카운터. 디스플레이용 트레이를 사용해 높낮이에 차이를 줘서 균형감이 느껴지는 디스플레이에 신경을 쓴다.

과자점 미모자
카운터에 나무 트레이를 두고, 트레이 안에 가격표와 과자, 빵을 진열한다. 카운터와 구분해서 정돈된 느낌이 든다.

보네 단느
유리로 된 칸막이 너머 안쪽에 있는 카운터에 빵을 진열하는 대면 판매 방식. 유리 칸막이에는 자연스럽게 프랑스어로 메뉴를 써 두었다.

모리노 오하기
큰 공간에 조그맣게 장식해서 찹쌀떡을 한층 더 귀엽게 쇼케이스에 진열한다.

나카가와 밀 가게
유리 쇼케이스는 가게 공간에 맞춰서 제작한 오리지널 제품. 매일 약 16가지의 빵을 구워 진열한다.

시마이

카운터 위에 바구니와 트레이, 망을 이용해 상품별로 진열. 개수는 한 가지당 2~3개로 적게 올려놓는 방식으로 리듬감을 준다.

노타리

자연광이 들어오는 장소에 갓 구운 빵을 진열한다. 빵을 두는 장소에 맞춰 조명을 설치했다.

이토키토

크기가 큰 빵은 뒤에 세워두거나 바구니에 넣고, 작은 공간에 상품이 꽉 차 보이도록 진열했다.

어코드

가구를 만들고 남은 자투리 재료를 이용한 보드에 올려서 쇼케이스에 진열한다. 나무가 구움 과자의 소박함과 잘 어울린다.

하쿠라쿠 베이글

하얀 법랑 밧드를 늘어놓고 그 위에 한두 가지의 베이글을 진열한다. 베이글은 모양이 같으므로 진열을 통일해서 깔끔하게 마무리한다.

미레이네

종류별로 접시를 나누고, 그 위에 견본 상품만 진열한다. 가짓수가 많은 상품 라인업을 한눈에 알 수 있도록 했다.

— COLUMN —

POP

가게의 개성이 드러나는 POP

메뉴의 이름과 가격, 상품 정보를 적는 POP에서도 각자의 개성이 드러납니다.
상품을 돋보이게 하면서도 보기 좋은 디자인을 생각해봅시다.

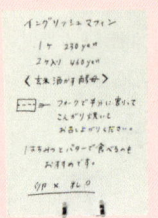

에이미즈 베이크숍
검은색 프레임 안에 긴장감이 느껴지는 POP는 라미네이트 가공한 것을 세워서 사용. 가게 인테리어와도 잘 어울린다.

나카가와 밀 가게
사용하는 소재와 맛에 대한 세세한 상품설명으로 손님이 맛을 상상할 수 있도록 연구했다.

과자점 미모자
좁고 긴 가격표에 손 글씨로 상품과 가격, 상품 설명을 적어 친숙한 느낌이다. 달걀, 유제품 등의 사용도 표시한다.

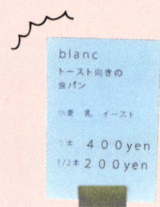

시마이
세로로 좁고 긴 POP에 큰 글씨체로 상품명, 가격, 상품 설명을 적었다. 알레르기 표시와 이스트와 천연 효모도 구분해서 적었다.

미레이네
상품명은 영어와 일본어로, 쓸데없는 요소가 배제된 지극히 단순한 디자인. 검은색 두꺼운 종이에 출력한 종이를 붙여서 세워둔다.

하쿠라쿠 베이글
상품명과 가격을 검은색 큰 글씨로, 파란색 글자로 재료와 상품 설명을 써서 구별. 폰트가 굵어서 보기 쉽다.

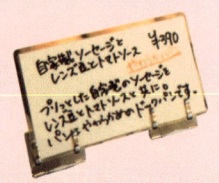

이토키토
굵은 손 글씨로 쓴 POP에 자연스레 눈이 멈춘다. 샌드위치에는 빨간 글씨로 '부드러운 빵'이라는 표기도 한다.

보네 단느
상품 소개 외에 프랑스어 명칭도 기재했다. 갓 구운 빵에는 검은색 POP를 붙여서 눈에 띄도록 했다.

BAG
쇼핑백

들고 다니기만 해도 홍보가 되는 쇼핑백.
돈을 많이 들이지 않아도 센스가 느껴지는 것이 좋다.

TRAY
트레이

상품을 담는 트레이도
잘 생각해야한다.

어코드
흰색 종이 손잡이에 가게 상호 스탬프를 찍어서 깔끔하고 단순하게 만든다. 높이가 없고 부서지기 쉬운 타르트는 화과자용 편평한 종이상자에 넣는다.

나카가와 밀 가게
퍼플에 골드로 로고를 넣어 우아한 쇼핑백은 '선물용 빵'을 생각하고 만들었다.

과자점 미모자
바구니를 좋아하는 주인의 취향에 따라 집게로 빵을 집을 때도 바구니를 사용. 같은 구니타치시에 있는 바구니 가게 《카고 아미도리》에서 샀다.

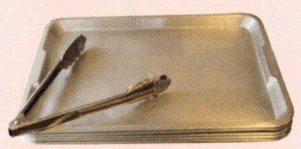

모리노 오하기
(오른쪽) 도예가 가고시마 마코토 씨가 디자인한 쇼핑백 때문에 방문하는 팬도 있을 정도로 인기가 많다. (왼쪽) 두건처럼 생긴 포장

과자점 미모자
가게 이름에서 따온 미모사 꽃 스티커를 붙여서 포장. 노란색이 눈에 띄도록 흰색의 심플한 포장 봉투를 사용한다.

이토키토
스테인리스 트레이와 집게 세트를 사용. 메탈의 은색으로 청결한 느낌을 주고, 관리하기 쉽다.

에이미즈 베이크숍
선물용 포장은 검은색 상자에 커다란 리본을 풍성하게 묶어서 건넨다. 리본 색은 선택할 수 있다.

미레이네
상품 크기에 딱 맞는 종이가방은 안쪽 상품을 흘깃 들여다볼 수 있는 디자인. 이대로 선물해도 좋을 만큼 귀엽다.

하쿠라쿠 베이글
디스플레이에 사용하는 것과 동일한 법랑 밧드를 사용. 베이글은 봉지에 들어있어서 손으로 집는 스타일이다.

COLUMN

KITCHEN TOOL

마음에 드는 주방 조리 기구

제작자에게 있어서 마음에 드는 도구는 빼놓을 수 없는 파트너와도 같은 존재.
애용하는 도구를 보여드립니다.

어코드
머핀 등의 반죽을 만들 때 빠질 수 없는 휘퍼는 친구에게 물려받은 것. 나무 손잡이가 손에 잘 익고 와이어의 탄력이 좋다.

미레이네
야나기소리의 볼을 애용. 사이즈에 따라 모양이 다른데 이건 바닥이 약간 좁아서 다루기 편하다. 크기별로 갖고 있다.

나카가와 밀 가게
바게트 등 하드한 계열 빵에 사용하는 좁고 긴 나무 판은 점주가 와인 상자를 재활용해서 만든 수제 오리지널 도구.

보네 단느
손잡이가 나무로 된 구멍 뚫린 국자는 이미 오랜 세월 사용해온 애용품. 적당한 크기로 물기 제거도 쉽고 사용하기도 편하다.

모리노 오하기
찹쌀떡 보관에 맹활약 중인 자그마한 수납바구니는 100엔 균일가 가게에서 발견했다.

과자점 미모자
법랑 밀크팬은 카페오레의 우유를 데우거나 음료를 만들 때 사용한다.

하쿠라쿠 베이글
주문을 받으면 한 잔씩 내리는 커피에는 끝이 좁은 포트를 빼놓을 수 없다. 직접 불에 올릴 수 있다.

이토키토
5단계로 스피드를 조정할 수 있는 쿠진아트의 핸드믹서. 코드를 깔끔하게 정리할 수 있어서 편리하다.

에이미즈 베이크숍
간판상품이기도 한 아메리칸 스타일의 큼지막한 머핀을 굽는 살짝 깊은 머핀 틀. 반죽을 듬뿍 올려서 굽는다.

빵가게

08 나카가와 밀 가게(ナカガワ小麦店)
09 본네 단느(BONNET DANE)
10 하쿠라쿠(白楽) 베이글
11 이토키토(itokito)
12 시마이(cimai)
13 수제 효모빵 노타리(のたり)
14 634베이글(BAGEL)

08
Bread

나카가와 밀 가게 ナカガワ小麦店
Nakagawa komugiten

밀가루의 깊은 맛이 풍부해서 매일 먹어도 질리지 않는 빵

교토부 교토시 사쿄구 시모가모마츠노키쵸 52-1
京都府京都市左京区下鴨松ノ木町 52-1
Tel. 075-702-6672
open. 9:00~18:30 close. 월, 화
http://nakagawakomugiten.com

Story

생활에 밀착된 빵을 지향하다

세계문화유산인 시모가모 신사에서 그리 멀지 않은 한적한 주택가에 위치한 《나카가와 밀 가게》는 2011년 11월에 오픈한 나카가와 게스케 씨와 도모코 씨 부부가 경영하는 베이커리입니다. 시간과 품을 아끼지 않고 정성스럽게 만든 빵은 빵을 좋아하는 사람들 사이에서도 유명합니다.

《나카가와 밀 가게》의 빵 콘셉트는 '매일의 양식'입니다. "옛날 방식을 중요시하며 밀가루와 소재의 맛을 제대로 느낄 수 있는 빵을 만들고 싶습니다"라고 말하는 주인 게스케 씨. 사용하는 전립분은 캐나다에서 유기농으로 재배한 현맥(매조미 보리)을 오스트리아제 맷돌 제분기로 직접 제분한 것입니다. 저온에서 장시간 발효해 만드는 빵은 밀의 든든하고 깊은 맛을 즐길 수 있습니다. 제품군은 바게트 등의 식사빵을 위주로 총 16종류입니다. 준비부터 완성까지 모든 작업을 게스케 씨 혼자서 합니다.

고등학교 시절부터 '무언가를 만드는 일을 하고 싶다'고 생각했던 게스케 씨가 빵 장인을 꿈 꾼 것은 27세 때였습니다. 빵 만들기를 배우던 시절 들렀던 아시야의 유명 독일 빵집 《베커라이 비오브로트》에서 전립분 빵 맛에 눈을 떴습니다. 밀의 감칠맛이 제대로 느껴지는 빵 만들기를 목표로 독학했습니다. 2007년 이후 회사에 다니면서 주말마다 카페나 잡화점의 빵 관련 이벤트에 참여해 고객을 늘려나갔습니다. 이후 바라던 실제 점포를 오픈했습니다.

가게를 찾는 손님 중에는 레스토랑이나 카페 주인, 일식 요리사 등도 많습니다. 타협하지 않는 소재 선택과 확실한 기술로 만든 빵은 음식의 프로에게도 큰 신뢰를 얻고 있습니다. 오픈 4년 차를 맞아 베이커리 격전지라고 불리는 교토 시내에서도 굴지의 인기 가게로 성장했습니다.

Interior
시간과 함께 멋스러워지는
따스한 나무 공간

나무를 기조로 한 인테리어는 나카가와 씨가 만드는 소박하지만 깊은 맛의 빵과 잘 어우러지는 내추럴하고 따스함이 느껴지는 분위기입니다. 문고리와 손잡이 등의 자재는 앤티크 느낌이 나는 놋쇠를 사용했습니다. 세월과 함께 변화를 즐길 수 있는 소재를 사용해서 시간이 흐를수록 더욱 멋스러워질 것입니다. 가게 안에서 유독 눈에 띄는 유리 쇼 케이스는 빵이 맛있고 정갈하게 보일 수 있게 주문 제작했습니다. 손님과 거리가 가까워 상품의 매력을 잘 전달할 수 있는 프랑스식 대면 판매를 하고 싶어 설치했습니다. 비품 저장은 와인 상자를 이용하고, 가게 내부의 페인트는 직접 칠했습니다.

1. 선반에는 갓 구운 빵이 즐비하다.
2. 인기 상품인 식빵 '토스트 몽타뉴'가 나오는 시간에 맞춰 찾는 손님이 많다.
3. 상품이 맛있게 보일 수 있도록 깐깐하게 고른 쇼 케이스

벽으로 공간을 나눠 안쪽에 주방을 설치. 대형 기자재를 배치해도 작업하기 편하게 넓은 공간을 확보

건물 구하기

개점을 위해 본격적으로 건물을 알아보기 시작한 것은 2011년 초. 교토에서도 비교적 한적하고 녹지가 많은 시모가모, 오카자키, 기타야마 지역을 중심으로 알아보았습니다. 처음부터 지금의 가게 자리가 마음에 들긴 했지만, 당시에는 월세와 평수 문제로 단념. 반년 뒤 다시 건물주와 교섭해서 처음 공간의 반만 빌렸습니다.

Kitchen
이상적인 빵을 만들기 위해
기기에는 아끼지 않고 투자

점포 안쪽에 있는 주방은 건물의 약 절반 이상을 차지합니다. 제분부터 성형, 굽기까지 빵 만들기의 모든 공정을 혼자하기 때문에 가장 작업하기 편하고 작업 효율이 높도록 배치했습니다.

제조기기 선택은 타협하지 않았습니다. 오븐 등 일부 중고 제품도 가장 좋은 것을 골라서 사용하고 있습니다. 밀의 풍미를 확실히 느낄 수 있는 빵을 만들 때 빼놓을 수 없는 제분기는 오스트리아제 맷돌, 저온 장시간 발효 시에 편리한 항온고습고도 도입했습니다. 반죽을 하룻밤 느긋하게 발효시켜 밀의 향이 풍부하게 퍼지는 게스케 씨가 생각했던 그대로의 빵이 완성됩니다.

1. 매일 아침 4:30에 출근해서 준비합니다. 모든 작업을 대부분 혼자서 합니다. 2. 효율적으로 작업할 수 있도록 3단 오븐을 설치 3. 시간차로 구운 빵은 우선 이쪽에

수납에 관해서
작업대 아래에 설치한 선반에 비품을 저장. 수납 아이템으로 사용하는 건 나무로 된 와인상자. 꺼내기 쉽도록 자국 끈과 작은 바퀴를 달았습니다.

설비표

오븐	고토부키(중고)
믹서	칸토믹서(중고)
도우 컨디셔너	기타자와(중고)
냉장고·냉동고	후쿠시마(신품)
제분기	오스트티롤(신품)

Menu
밀의 맛이 두드러지는 제품군

빵 오 르방
직접 만든 르방종의 잔잔한 신맛이 느껴지는 격조 높은 전통 식사빵. 820엔, 하프 사이즈는 410엔, 1/4 사이즈 205엔(소비세 포함)

꽁쁠레 롤
자가제분한 유기농 전립분과 유기농 강력분을 블렌딩. 부드러운 단맛이 한가득 퍼진다. 샌드위치용으로도 좋다. 140엔(소비세 포함)

바게트
프랑스산 밀을 사용한 반죽을 소량의 효모로 장기간 숙성. 밀가루의 단맛을 느낄 수 있는 소박하고 깊은 맛으로 인기가 많다. 250엔(소비세 포함)

토스트 몽타뉴
유기농 밀 100%를 사용한 식빵은 예약이 필수인 최고 인기 상품. 토스트 하면 바삭한 식감. 610엔, 하프 사이즈 305엔(소비세 포함)

크루아상
수제 르방종을 배합한 반죽에 발효 버터를 넣어 깊이 있는 풍미로 가득하다. 170엔(소비세 포함)

빵 꽁쁠레
유기농 현맥을 자가제분한 전립분 100%의 식사빵. 유기농 건포도로 만든 천연효모를 사용. 1개 620엔, 하프 사이즈 310엔(소비세 포함)

앙
저온 장시간 발효시킨 바게트 반죽에 단바산 다이나곤팥을 듬뿍 넣었다. 작지만 포만감 만점. 240엔(소비세 포함)

스스로에게 부끄럽지 않은 빵을 판매

《나카가와 밀 가게》에서 판매하는 빵은 바게트 등의 식사빵을 중심으로 게스케 씨가 엄선한 16종입니다. 가게 오픈 때부터 줄곧 변함없는 라인업으로 손님은 '언제 가도 같은 맛을 만날 수 있다'고 안심할 수 있습니다. 가루와 각 소재마다의 맛을 그대로 표현하면서 소박하지만 정성스럽게 만듭니다. 지금은 빵마다 팬이 생겨서 그 빵 때문에 찾아오는 사람도 늘었습니다.

메뉴 포인트

- ☑ 상품 종류를 고정해 '언제 가도 같은 빵이 있다'고 안심할 수 있도록
- ☑ 매일 먹는 식사빵이 중심인 라인업
- ☑ 가루의 감칠맛을 느낄 수 있도록 간단하게 만들기 위해 노력

Topics
자가제분을 고집하는 것이 맛의 비결

밀의 든든한 맛을 즐길 수 있는 《나카가와 밀 가게》의 빵.
그 맛의 비밀은 엄선한 소재와 정성스러운 제법에 있습니다.

1. 풍미가 가득한 캐나다산 유기농 현맥. 통째로 갈기 때문에 밀의 영양이 그대로 빵에 담긴다. 2, 3. 자가제분한 전립분은 빵을 준비하는 전날 제분해 신선한 것을 사용 4. 현맥을 제분하는 맷돌은 오스트리아의 오스트리톨사의 제품을 즐겨 사용 5. 쫄깃쫄깃한 식감이 인기인 식빵에는 캐나다산 강력분을 사용

《나카가와 밀 가게》라는 상호대로 게스케 씨가 빵 만들기에서 가장 주력하는 것은 가루입니다. 자가제분 전립분, 유기농 재배 강력분 등 빵의 특징에 맞춰 8종류의 반죽을 만듭니다.

"전립분은 캐나다산 유기농 밀을 사용합니다. 오스트리아제 맷돌로 현맥을 통으로 제분해 식이섬유와 미네랄 등 밀의 영양분을 포함한 가루로 만듭니다."

신선도를 생각해 다음 날 사용할 만큼만 제분합니다. 막 제분한 가루의 진한 향과 신선한 맛을 즐길 수 있다는 점이 가게가 폭넓게 지지를 얻고 있는 이유입니다.

캐나다산 유기농 강력분을 100% 사용한 식빵, 유기농 시나몬을 넣은 시나몬롤 등 그 외의 빵도 엄선한 소재를 아낌없이 사용합니다. 단순하게 만들기 때문에 오히려 밀과 소재의 맛이 두드러지는 뛰어난 상품만을 갖추게 되었습니다.

천연효모도 모두 수제

《나카가와 밀 가게》 맛의 한 축을 담당하는 천연효모도 모두 게스케씨가 직접 만든 것입니다. 밀로 만든 천연효모와 건포도종 효모 등을 빵 종류에 맞춰 사용합니다.

Interview

맛있는 빵을 제공하기 위해 노력하는 점

Communication!!

Q.1
빵 종류를 16가지로 제한한 이유는?

혼자 할 수 있는 범위에서 제가 만족할 수 있는 빵을 만들려면 이 정도 가짓수와 양이 최선이었습니다. 식사를 비롯해 일상의 어떤 상황에도 잘 어울리는 소박한 맛의 빵을 판매합니다.

Q.2
대면식 판매를 고집하는 이유는 무엇인가요?

손님과 커뮤니케이션하기 쉬운 것이 대면식 판매의 장점입니다. 이름과 겉모습만으로는 알기 어려운 빵은 직접 설명하고, 말로 맛을 설명하기 어려운 상품은 시식을 준비해서 맛보게 합니다.

Q.3
가루를 신경 쓴 결과 탄생한 상품을 알려주세요.

전립분 빵 특유의 맛을 맛볼 수 있도록 전립분 100%로 만든 빵도 판매합니다. 추천 빵은 유기농 건포도종의 수제 천연효모를 사용한 '빵 꽁뿔레'입니다. 영양가가 높고 갓 제분한 가루의 향과 감칠맛을 충분히 느낄 수 있습니다.

나카가와 도모코 씨
Tomoko Nakagawa

나카가와 게스케 씨
Keisuke Nakagawa

Q.4
앞으로 창업을 준비하는 사람들에게 조언을 한다면?

개업이라는 목표를 향해 '언제까지, 무엇을 해야 하는가'를 충분히 시뮬레이션하길 바랍니다. 구체적인 여정을 머릿속으로 그려보면 이를 위해 해야 할 일이 잘 보입니다.

Simple!

Data
데이터로 보는 《나카가와 밀 가게》

개업일
2011년 11월 25일

개업자금
980만 엔

점포 취득비: 130만 엔
인테리어비: 400만 엔
집기·비품비: 450만 엔
광고 선전비: 0엔
운전자금: 0엔
본인 자금: 200만 엔
일본 정책 금융 공고: 800만 엔

점포면적
13평

객 단가
900~1,000엔

1일 평균객수
90~100명

직원
오너 2명 +
아르바이트 2명

Point.1
중고기기를 잘 활용한다
빵가게는 제빵용 기기에 비용이 많이 들어갑니다. 그래서 오븐 등을 중고로 사서 초기 비용을 줄였습니다.

Point.2
부부 두 사람이 무리하지 않는 경영
제빵은 남편, 접객은 아내가 담당. 부부 두 사람이 주가 되다 보니 의사소통이 잘되고, 매월 인건비도 절감됩니다.

"빵 만들기는 재료와 만드는 방법은 물론이고, 그 날의 기온과 습도에 따라서도 맛이 변하기 때문에 심오해서 추구하는 보람도 있습니다"라는 게스케 씨. 현재에 만족하지 않고 시행착오를 거쳐 더 나은 소재와 제법을 찾아 더 맛있는 빵을 손님에게 선보일 수 있도록 노력하고 있습니다. 이런 성실한 자세야말로 이 가게가 많은 사람에게 지지를 얻는 이유입니다.

지금까지의 여정

2005년	회사를 퇴직 빵의 장인을 목표로 교토 시내 베이커리에서 빵을 배우기 시작하다.
2007년	베이커리 퇴직 창업 자금을 모으기 위해 와인 등을 취급하는 회사에 취직. 한편으로는 주말에 카페 등의 빵 이벤트에 적극적으로 참여해 빵 만들기의 경험을 쌓다.
2011년 1월	건물을 알아보기 시작
2011년 9월	건물 계약, 인테리어 공사 개시
2011년 11월	오픈

하루의 흐름

4:00	기상
4:30	출근
5:30	첫 번째 빵 굽기 완성. 당일 빵을 구우면서 다음날 구울 빵의 준비도 동시에 진행한다. 14시경 모든 작업이 완료
18:30	폐점
21:00	취침

09
Bread

 보네 단느 (BONNET DANE)

동네에서 사랑받는 프랑스빵 가게를 상상하다

도쿄도 세타가야구 미슈쿠 1-28-1
東京都世田谷区三宿 1-28-1
Tel. 03-6805-5848
open. 8:00~19:00
close. 월, 화

Story

빵과 과자를 판매하는 시골의 식품점 같은 가게

도쿄 미슈쿠의 지역과 밀착한 작은 빵가게 《보네 단느》를 운영하는 오기와라 히로시 씨. 이상적인 가게의 원점은 프랑스에서 빵을 배웠던 가게라고 합니다. "일본에서 파티시에로 8년 정도 일을 하다가 프랑스로 갔습니다. 거기서 빵의 맛에 눈을 뜨고 빵 장인을 목표로 하게 되었죠."

빵에 대한 조예가 깊고, 맛과 먹는 방법이 다양한 프랑스에서 5년 반 정도 빵을 배운 오기와라 씨는 일본으로 돌아와 베이커리를 경영하는 회사에 취직해, 베이커리 설립을 하나부터 열까지 맡게 됩니다. 이 경험을 통해 빵굽는 일뿐만 아니라 가게를 만들고 빵을 팔기 위한 노하우 등도 배울 수 있었다고 합니다. "설립부터 관계했던 가게는 규모도 크고 빵 종류도 폭넓게 취급했습니다. 그 후 1인 창업을 생각했을 때, 프랑스에서 배운 전통 제법으로 만들어 맛과 향에 신경을 쓴 빵을 제공하는 가게가 하고 싶었습니다."

점포를 구하기 위해 도쿄 도내에서 십여 곳을 돌아보았습니다. 그중에서 역에서 멀고, 뒷골목에 있는 지금의 장소를 선택한 건 아이부터 노인까지 찾아오는 지역과 밀착된 가게를 하고 싶어서입니다. 가게 스타일은 프랑스의 시골 동네에 있을 법한 빵과 과자가 진열된 동네 식품점을 지향하고 있습니다.

개업 초기에는 20종 남짓이었던 빵은 지금은 주방 직원을 한 명 늘려서 30종 전후까지 늘렸습니다. 계산대 앞 카운터에 주력 상품을 진열하는 대면 판매 방식입니다. 오기와라 씨가 말하는 즐거움은 손님과 대화를 나누고, 얼굴을 익히는 일이라고 합니다. 지역을 소중히 여기고, 동네에서 사랑받는 빵가게입니다.

Interior   프랑스를 의식한 타일과 샹들리에

1. 네이비 색이 아름다운 미노야키 타일 2. 샹들리에가 부드러운 빛을 비춘다. 3. 색유리로 된 책장에는 지인이 쓴 프랑스 책이 진열되어 있다.

프랑스 작은 마을에 있을법한 빵가게의 분위기를 내기 위해 인테리어에 신경 썼습니다. 바닥은 미노야키 타일을 깔아 내구성이 높고 네이비 색 문양이 이국적인 분위기를 냅니다. 타일 바닥에 샹들리에라는 스타일은 프랑스에서는 쉽게 볼 수 있는 인테리어라고 합니다. 벽에 걸린 책장과 테이블 등도 앤티크 제품을 구비해 프랑스의 분위기가 물씬 느껴지는 내부입니다. 판매 방식도 프랑스 빵가게의 대면 판매를 도입해 대화를 즐기면서 빵을 고를 수 있도록 했습니다.

의류 매장이었던 가게는 세로로 좁고 긴 배치. 주방은 작지만 알차게 정리해 주방과 판매 공간은 대략 반으로 나누었다.

건물 구하기

도쿄 도내를 조건으로 건물을 알아보기 시작했습니다. 지금의 장소를 고른 이유는 차분한 주택가이면서도 유동인구가 많고, 프랑스 풍 빵을 수용할 것 같은 분위기라고 느껴서입니다. 역에서 멀기에 날씨에 따라 매출이 좌우되지만, 동네에 뿌리내려 단골도 많아졌기 때문에 어느 정도 만회가 됩니다.

Kitchen   기자재는 전시 상품을 잘 골라서 선택

전에는 의류 매장이었기에 주방은 일일이 개조하고, 가스·수도 공사를 했습니다. 까다롭게 선택한 오븐은 프랑스 파바이에의 3단 오븐을 한 개 넣었어요. 믹서는 메인인 칸토믹서와 바게트용 믹서 두 개를 사용합니다. 바게트는 너무 많이 반죽하면 향이 사라져버리므로 전용 믹서가 필요합니다. 기자재는 전시 상품을 선택해 예산을 줄였습니다.

설비표

오븐:	파바이에(신품)
냉장고:	호시자키(신품)
커피서버:	드롱기(신품)

1. 빵에 따라 믹서 두 개를 분류해서 사용한다. 2. 주방에는 프랑스의 지인이 보내온 엽서를 장식 3. 까다롭게 고른 3단 오븐 4. 갓 구워 뜨끈뜨끈한 빵

Menu

프랑스산 재료로 만든 빵과 구움 과자

캬레 블랑
프랑스어로 '하얀 사각형'이라는 뜻. 호두가루를 원료로 한 사르륵 녹는 식감의 쿠키. 380엔(소비세 포함)

잠봉 프로마주
자신 있는 바게트에 돼지 넓적다리 살로 만든 햄과 농후한 그리에르 치즈를 샌드. 치즈와 바게트의 풍미가 퍼진다. 500엔(소비세 포함)

쇼콜라 프람보아즈
프랑스에서는 기본적인 조합. 초콜릿의 농후한 향과 수제 프람보아즈 잼의 신맛이 좋다. 250엔(소비세 포함)

크루아상
100% 프랑스산 밀의 농후한 향을 잘 살린 상품. 표면은 바삭, 안은 적당히 촉촉하다. 190엔(소비세 포함)

빵가게의 마들렌
프랑스 과자에서 빼놓을 수 없는 마들렌. 농후한 바닐라 향이 입안 가득히 퍼진다. 160엔(소비세 포함)

호두와 고르곤졸라
반으로 갈라진 빵 사이로 보이는 건 듬뿍 든 호두와 고르곤졸라 치즈. 위에 뿌린 벌꿀의 단맛이 포인트. 280엔(소비세 포함)

앙버터
굵은 다이나곤팥과 생버터를 샌드한 그리운 맛을 프랑스풍 빵 반죽으로 변주. 190엔(소비세 포함)

프랑스산 재료를 사용해서 본토의 맛으로

현지의 맛을 표현하기 위해 밀가루는 프랑스산 100%. 그밖에도 되도록 프랑스산 재료를 사용합니다. 기본 바게트와 크루아상, 프랑스 풍 과자빵 외, 콩가루 빵과 앙버터 등 일본인에게는 향수를 자극하는 맛에도 프랑스산 에센스를 첨가해서 만듭니다. 프랑스의 구움 과자도 좋아요.

빵이 맛있을 기간 내에 손님이 드실 수 있도록 캄퓨뉴 등 하드 계열 빵은 무게 단위로 판매하기도 한다.

메뉴 포인트

☑ 프랑스산을 고집한 재료 선택에 프랑스식으로 만든다

☑ 하드 계열부터 과자빵, 구움 과자까지 폭넓은 라인업

☑ 번화가의 제과점보다 가격대를 낮춰서 일상적으로 다닐 수 있는 가게로

Topics
바게트 샌드위치는 바로 만든 것을 제공

프랑스의 빵가게처럼 주문을 받고 즉석에서 만들어주는
바게트 샌드위치는 가게의 간판 메뉴

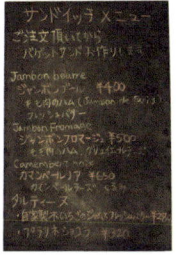

프랑스어 명칭이 붙은
샌드위치 메뉴.

속 재료를 호화롭게 듬뿍 넣은 바게트 샌드위치.

주문이 들어오면 빵을 가로로 반 갈라서 버터를 바르고 치즈와 햄을 샌드.
(우측 하단) 카망베르 치즈와 호두를 듬뿍 넣은 카망베르 노아도 인기.

프랑스빵의 맛을 알리고자 오픈 때부터 주력했던 주문을 받은 후 만드는 바게트 샌드위치. 빵 자르는 것부터 시작하는 이유는 갓 잘랐을 때 밀가루의 향이 두드러져서 가장 맛있기 때문입니다. 내용물은 단순해서 넓적다리 살로 만든 햄과 생버터, 카망베르 치즈와 호두 등 프랑스 빵가게에서 파는 샌드위치 메뉴 그대로입니다. 육즙이 가득한 햄에 버터가 입속에서 녹아 빵의 향긋함을 살려줍니다. 아침 8시부터 주문할 수 있어서 아침 식사용으로 사러 오는 사람도 많습니다.

Interview

매일 같은 맛을 만날 수 있다고 안심하는 마음을 소중하게

Q.1
상호명 《보네 단느》는 어디에서 유래했나요?

《보네 단느》는 프랑스어로 '당나귀 귀 모자'라는 뜻입니다. 프랑스의 초등학교에서는 열등생에게 당나귀 귀 모양의 모자를 씌운다고 하는데, 어쩐지 귀여워서 동화 같은 이미지에 반해 그렇게 이름 붙였습니다.

Q.2
작은 가게를 연 이유는 무엇인가요?

프랑스에서는 케이크와 빵을 구별하지 않고 파는 편의점 같은 느낌의 작은 가게가 동네마다 있습니다. 식사, 간식, 그곳에 가면 뭔가 먹을 게 있다는 스타일이 좋다고 생각해 작은 가게를 열었습니다.

오기와라 히로시 씨
Hiroshi Ogiwara

Q.3
직원은 어떻게 모집하나요?

개업하고 1년 반 정도 지났을 때 빵 만들기가 힘들어져서 직원을 뽑았어요. 모집은 가게 페이스북과 지인 소개 등을 통해 빵가게 근무 경험이 있는 사람을 뽑습니다.

Q.4
가게를 계속하려면 어떤 부분을 고려해야 하나요?

지금 판매하는 상품을 매일 같은 맛을 유지하며 만들어야 한다는 점입니다. 제품 종류를 너무 많이 늘리지 않고 제철 과일 등으로 변화를 줍니다.

France!

Bonnet D'ane

Data
데이터로 보는 《보네 단느》

개업일
2013년 7월 19일

개업자금
1,300만 엔

점포 취득비: 50만 엔
인테리어비: 600만 엔
집기 · 비품비: 550만 엔
운전 자금: 100만 엔
본인 자금: 500만 엔
일본정책금융공고: 800만 엔

점포면적
11.8평

객 단가
800엔

1일 평균객수
100명

직원
직원 1명+사원 1명+
아르바이트 3명

Point.1
자금은 반 이상 융자를 이용
개업자금 1,300만 엔 가운데 800만 엔은 융자를 이용. 프랑스에서 공부한 것과 일본 빵집에서의 실적을 인정받아 대출을 받았다.

Point.2
설비에 투자해서 영업을 원활하게
혼자서 모두 제조하기 때문에 설비를 잘 갖추자. 프랑스제 오븐을 넣는 등 설비비를 들였다.

처음에는 10시였던 개점 시간을 단골의 요청에 따라 8시로 변경. 새벽부터 작업하며 근무 시간이 길어져서 가게 근처에 방을 얻어 통근 시간을 단축했습니다. 토요일과 일요일은 손님이 많아서 온종일 빵을 굽는 만큼 매출은 늘어납니다. 지금은 좀 더 다양한 종류의 빵을 진열하고자 방법을 모색하고 있습니다.

지금까지의 여정

2009년 **프랑스에서 빵을 공부**
두 번에 걸쳐 프랑스로 도항. 당초에는 제과를 공부했으나 빵으로 전향

2010년 **일본으로 귀국**
베이커리를 경영하는 회사에 취직. 신규점포 설립과 관련된 업무로 개업 노하우를 배웠다. 그 후 퇴직

2013년 7월 오픈

하루의 흐름

4:00 출근
도보로 출근해서 재료 준비 시작. 바게트, 크루아상부터 굽기 시작한다.

8:00 오픈
런치를 시작하는 11:00까지는 빵을 차례로 굽는다.

18:00 퇴근
아침이 빠르기 때문에 직원에게 가게를 맡기고 일찍 퇴근하는 날도 있다. 이 경우, 22:00정도에 잠들어 피로를 회복한다.

19:00 폐점
폐점 후에도 재료 준비 작업이 계속되기도 한다.

00:00 취침

10
Bread

하쿠라쿠 베이글 白楽ベーグル
Hakuraku Bagel

서민적인 동네의 생활 속에 녹아든 베이글

가나가와현 요코하마시 가나가와구 로쿠카쿠바시 3-3-15 101
神奈川県横浜市神奈川区六角橋 3-3-15 101
Tel. 045-628-9771
open. 10:00~19:00   close. 수, 목
http://hakuraku-bagel.com

Story

베이글의 맛을 더 널리 알리고 싶다

"일본인의 입맛에 맞는 쫀득하고 촉촉한 베이글을 만들어 베이글의 맛을 더 널리 알리고 싶어서 개업했습니다"라고 말하는 주인 가와사키 다이치 씨. 가와사키 씨는 원래 커피를 좋아해서 커피 회사에 근무하다가 베이글 장인과 세리사인 친구와 공동으로 도쿄도 분쿄구에 《시로야마 베이글》을 설립해 주로 커피를 담당했습니다. 그때는 굳이 따지자면 경영 쪽에 관심이 많았으나 메뉴를 함께 생각하고, 제빵을 배우는 사이에 베이글의 매력에 눈을 떠 2009년, 창업을 생각하던 무렵 잡화점 주인인 친구가 다이치 씨의 동네 하쿠라쿠에 좋은 건물이 나왔다고 알려줘서 《하쿠라쿠 베이글》을 오픈했습니다. 당초에는 베이글과 수프 세트, 베이글 샌드위치를 내는 카페였으나 제조에 전념하기 위해 현재는 테이크아웃 가게로 바꿨습니다.

하쿠라쿠는 상점가로 북적이는 요코하마에서도 서민 동네 같은 분위기입니다. 나이가 지긋한 손님도 많아서 처음에는 "식빵은 없나요?"라는 질문도 많이 받았다고 합니다.

'어린아이를 데리고 오는 손님이 많지만 그렇다고 해서 먹기 편한 것을 만들기보다는 제대로 씹는 식감이 살아있는 베이글을 맛보길 원한다'는 가와사키 씨. 한편 베이글 한 가지 메뉴에 질리지 않도록 '시금치 수프'나 '안초비 올리브'처럼 매일매일 바뀌는 메뉴와 '옥수수'나 '즌다 앙금' 등 제철 재료를 사용한 메뉴도 준비합니다.

Interior
블루를 포인트로 한 깔끔한 공간

친하게 지내는 지바현의 중고매장 《cohako》에 취향을 말해두고 상의한 인테리어. 불투명한 유리와 가구 조도 등에 앤티크풍 분위기를 남기면서도 화이트를 주로 사용해 깨끗한 이미지를 줍니다.

입구의 계단 높낮이차를 없애고 매장과 주방 사이에 창을 새로 설치해 넓어 보이도록 했어요. 창틀과 문틀의 블루를 포인트로 삼고, 장식품을 많이 두지 않고 간결하게 유지합니다.

1. 다양한 규모의 불투명 유리창이 매장과 주방을 나눈다. 2. 베이글은 아래위 2단으로 진열. 3. 냉장 케이스에 진열된 베이글 샌드위치는 하프 사이즈도 판매.

판매 공간은 유모차가 들어갈 만큼 넓이를 확보.

건물 구하기

동네 잡화가게 주인에게 비어있던 가게 정보를 듣고 마음에 들어서 바로 빌렸습니다. 역에서 도보 10분 정도로 살짝 떨어져 있지만, 근처에 대학교가 있어 유동인구가 많은 장소입니다. 이전에도 베이커리 카페였기에 홍보 없이도 방문하는 사람이 많았습니다.

Kitchen
바깥의 빛이 들어와 밝은 주방

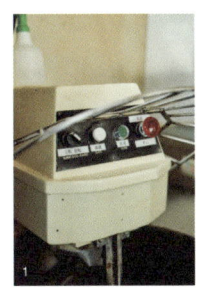

1. 베이글의 식감을 결정하는 중요한 요소는 반죽 방법. 해외에서 만든 튼튼한 기종을 다시 개량해 사용한다. 2. 작은 도구들은 사용하기 편하게 수납했다.

전에도 베이커리 카페였기에 주방은 그대로 사용했다. 설비비를 낮추기 위해 오븐, 믹서, 발효기 등은 중고로 구매했다. 베이글은 반죽에 탄력이 있어서 일반 믹서는 사용할 수 없어서 믹서가 부러지지 않도록 보강해서 사용합니다. 매장에서는 불투명한 유리 너머 주방에서 일하는 모습을 볼 수 있습니다. 개업 초기에 먹고 갈 수 있는 공간으로 사용했기에 주방은 공간이 넉넉합니다.

설비표

오븐: 상코(중고)
믹서: 대만제를 개량(중고)
발효기: 쓰지 기카이(중고)
냉장고, 냉동고: 후쿠시마(중고), 호시자키(신품)
커피 서버: 고노식(신품)

깐깐한 커피

원래 커피 애호가인 다이치 씨. 가게 안에서도 '하쿠라쿠 블렌딩 커피'(320엔, 소비세 포함)와 '강배전 아이스커피'(320엔, 소비세 포함) 등을 테이크아웃으로 판매합니다. 커피 원두는 하쿠라쿠에 있는 《TERA COFFEE》에 베이글과 어울리는 것으로 부탁한 오리지널 블렌딩입니다.

Menu

다채로운 변화를 즐길 수 있는 베이글

플레인
살짝 그을린 플레인 베이글은 홋카이도산 밀가루의 풍부한 향과 쫄깃쫄깃한 탄력을 맛볼 수 있다. 160엔(소비세 포함)

땅콩&콩가루 크림
곱게 분쇄한 땅콩이 든 반죽은 바삭한 식감. 피넛 페이스트와 콩가루 크림의 절묘한 하모니. 230엔(소비세 포함)

볼로냐 소시지&씨 겨자
고기 맛이 가득한 고텐바의 '니노오카 햄'의 볼로냐 소시지가 듬뿍 들어있어 포만감 만점. 학생에게 인기가 많다. 240엔(소비세 포함)

치즈
플레인 반죽에 고다와 모차렐라 2가지 치즈를 가득 올려 구운 바삭바삭하고 향긋한 베이글. 190엔(소비세 포함)

연어&크림치즈
플레인 반죽에 훈제연어, 크림치즈, 케이퍼, 적양파를 넣은 기본 인기 샌드위치. 290엔(소비세 포함)

TERA COFFEE and ROASTER
드립으로 제공하는 하쿠라쿠《TERA COFFEE》의 커피판매. 오리지널 하쿠라쿠 베이글 블렌딩. 100g 560엔(소비세 포함)

메렝게 베이글 러스크
구움 과자는 도모코 씨가 담당. 상품이 되지 못한 로스품 베이글도 러스크로 재탄생해 가게에 진열. 메렝게 180엔, 러스크 200엔(소비세 포함)

구멍이 없는 것이 특징인 쫄깃쫄깃한 베이글

베이글의 특징인 구멍이 없고 타원형에 가까운 모양이 하쿠라쿠 베이글의 특징입니다. 성형 시에는 구멍을 만들지만, 물에 데치고 구우면 최종적으로는 이런 형태가 됩니다. 홋카이도산 밀가루를 사용하며 유제품, 달걀은 사용하지 않습니다. 쫀득쫀득하게 늘어나는 반죽을 꼭꼭 씹으면 밀가루의 은은한 향이 입안으로 퍼집니다. 전립분과 말차 등 반죽에 변화를 주거나, 소시지나 앙금 같은 속 재료를 넣은 것도 있습니다.

메뉴 포인트

- ☑ 씹는 맛을 중요시한 쫄깃쫄깃하고 촉촉한 반죽
- ☑ 베이글만 판매하므로 다양한 종류를 준비
- ☑ 달걀, 유제품을 사용하지 않아 어린 아기도 안심

깔끔한 가게 내부에 악센트를 주는 다양한 모양의 전등갓. 도모코 씨 작품.

《cohako》에서 산 벽에 붙이는 타입의 전등갓. 앤티크의 풍취가 매력적이다.

여기도 도예가 취미인 도모코 씨가 만든 납작한 전등갓.

단순한 모양의 피처는 도예가 와다 마미코 씨가 만든 것. 꽃병으로 사용한다.

Topics
가게 주변도 깐깐하게

가게 안에 있는 물품은 주인이 지인에게 부탁하거나, 까다롭게 골라 모은 것들이다.

다케우치 시키 씨에게 의뢰한 선물용 상자. 로고는 작게 넣었지만 효과적이다.

드라이플라워로 만든 리스는 꽃집을 경영하는 가게 손님의 작품.

목각인형 세공의 장인인 친구가 오픈 축하 선물로 준 목제 베이글 샌드위치는 명함꽂이로.

마음에 드는 질감의 종이를 사서 직접 만든 메뉴판. 가게 인테리어와 잘 어울리는 푸른색 레터링.

Interview
매일 신선한 기분으로 베이글을 만든다

Q.1 메뉴 구성을 위해 참고하는 것은?

개점 초기에는 가게의 존재를 알리기 위해 이벤트에 자주 참여했는데 그곳에서 많은 자극을 받았습니다. 다양한 가게의 사람들과 만나고, 많은 손님과 접하는 일이 메뉴 구성에 힌트가 되었습니다.

Q.2 가게를 시작하고 힘들었던 시기가 있었나요?

1년 차에는 매출 폭이 그날그날에 따라 너무 달라서 궤도에 오르는 데 1년 정도 걸렸습니다. 더운 여름철에는 빵 종류는 전반적으로 매출이 떨어지는 경향이 있어서 양 조절이 필요합니다.

가와사키 다이치 씨
Taichi Kawasaki

가와사키 도모코 씨
Tomoko Kawasaki

Q.3 구멍 없는 베이글의 비밀은?

굽기 전에는 구멍이 있지만 수분이 많아서 촉촉하게 부풀어 오릅니다. 식감을 중요시한 제품을 만들다 보니 이렇게 되었는데, 샌드위치를 만들 때도 속에 재료를 채우기 쉬워서 그대로 사용합니다.

Q.4 가게를 계속하기 위해 노력하는 점은 무엇인가요?

매일 똑같은 베이글을 만들더라도 똑같은 방식으로 반복하지 않고, 매일 신선한 기분으로 만들고자 노력합니다. 계절과 온도는 물론, 가루의 수확 시기별로 완성도에 차이가 나기 때문에 매일 조정하고 있습니다.

Bagels

Data
데이터로 보는 《하쿠라쿠 베이글》

개업일
2009년 4월 26일

개업자금
700만 엔

점포 취득비: 200만 엔
인테리어비: 100만 엔
집기·비품비: 150만 엔
운전자금: 100만 엔
본인 자금: 100만 엔
신용금고: 600만 엔

점포면적
15평

객 단가
800엔

1일 평균객수
60명

직원
오너 2명

Point.1
민간 금융기관에서 대출
개업자금 융자는 회사 조직을 만들어 민간 금융기관에서 받았다.

Point.2
카페 영업을 그만둬서 지금은 2명
개업 후 도모코 씨가 출산휴가를 간 시기에는 아르바이트를 고용해 가게를 꾸려나갔다. 현재는 카페 영업을 하지 않기에 둘이서 일한다.

두 사람의 공통 취미는 카페 탐방으로, 창업 전부터 간토 근교를 위주로 여러 카페를 돌아다닌 경험이 가게 이미지를 확고히 굳히는 데 도움이 되었다고 합니다. 마음에 든 가게의 명함과 DM, 메뉴는 소중히 보관해 가게 인쇄물을 만들 때 영감을 얻기도 했다고 합니다.

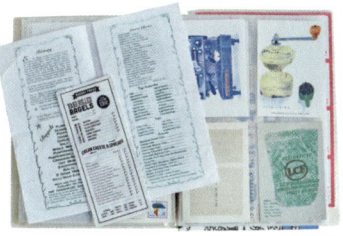

지금까지의 여정

2005년 퇴직
커피 회사에서 근무. 그 후 음식점에서도 근무

2006년 9월 《시라야마 베이글》을 오픈
친구 두 사람과 공동으로 도쿄도 분쿄구에 베이글 카페를 열다. 처음에는 커피 담당이었으나 그곳에서 베이글 만드는 법을 배움. 현재, 《시라야마 베이글》은 후쿠이로 이전

2009년 4월 개업
처음에는 카페도 같이 했지만, 현재는 부부 두 사람만으로도 가게를 운영할 수 있도록 베이글만 판매한다.

하루의 흐름

6:00 출근
전날 준비한 베이글을 물에 데치는 작업부터 시작.

9:00 도모코 씨가 출근, 첫 굽기

10:00 오픈

13:00 두 번째 굽기

16:00 반죽 준비
반죽하기, 성형하기까지 하고 남은 공정은 다음 날 아침에

19:00 폐점

23:00 퇴근

11
Bread

이토키토 (itokito)

비스트로에서 연마한 독창적인 샌드위치

도쿄도 오타구 기타센조쿠 1-54-10 1F
東京都大田区北千束 1-54-10 1F
Tel. 03-3725-7115
Open. 11:00~20:00, 11:00~19:00(토·공휴일)
close. 월, 화

Story

만들기의 원점으로 되돌아온 개업

"원래 뭔가를 만드는 걸 좋아해서 처음 선택한 건 아버지가 하던 디자인 관련 일이었습니다. 관리 일이 늘어나서 더 단순하게 뭔가를 만들고 싶어졌죠"라고 말하는 주인 가쓰노 신이치 씨.

그가 그런 생각을 품고 있던 2001년 무렵 레스토랑과 양과자점은 세련된 가게가 있었지만 근사한 빵가게는 아직 드물던 시절이었습니다. 그때 만난 것이 나카메구로의 빵집 《나이프(Naif)》(2007년 폐점)였습니다. 옐로우 톤에 푸른 타일이라는 일본 같지 않은 인테리어와 데니시와 크림빵 같은 친숙한 빵을 세련된 상품으로 만든 것에 감명 받아 이런 가게를 만들고 싶어 디자인 사무소를 그만두고 빵가게에서 3년 반 동안 근무했습니다.

그대로 창업할까 생각했지만, 이번에는 비스트로에서 요리를 배웠습니다. "교토의 빵집 《르 쁘띠멕(Le Petit Mec)》의 샌드위치를 먹었는데 본격적으로 조리한 재료를 사용하는 것에 깜짝 놀랐습니다. 만약 직접 가게를 연다면 이런 음식을 내고 싶었어요." 《이토키토》의 간판 상품인 본격적인 프렌치 가니시를 넣은 샌드위치는 이런 경험을 통해 탄생했습니다.

이후 아내의 도움을 받아 창업을 위해 움직이기 시작한 것이 2006년. 그 때 도큐연선의 작은 가게를 발견했다. 《이토키토》가 있는 오오카야마역은 《쇼마커(Schomaker)》라는 인기 독일 빵집이 있는 곳. "유명한 가게를 라이벌로 여기는 것이 아니라, 빵을 사러 오오카야마에 온 사람이 《이토키토》에도 들러주면 좋겠다고 긍정적으로 생각했습니다." 이 역시 본인의 빵에 자신이 있었기 때문입니다. 같은 시기에 오픈한 《베커라이 힘멜(Beckerei Himmel)》과 함께 지금은 오오카야마의 유명 가게로 알려져 있습니다.

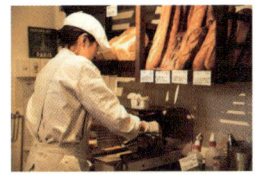

1. 안쪽에 식빵과 프랑스빵을 진열해 공간을 효율적으로 활용. 2. 바구니를 사용한 배치. 3. 연수를 했던 〈나이프〉의 영향을 받은 둥근 타일로 된 카운터.

폭이 좁아 2~3명이 들어오면 꽉 차는 가게 안. 상품은 들어왔을 때 정면 쪽 카운터를 위주로 항상 50~60종이 진열되어 있습니다. 공간에 비해 상품 수가 많아서 배치는 조금 높게 잡아서 둘러보기 편하게 만들었습니다. 손님은 쟁반과 집게를 사용해 직접 빵을 고를 수도 있고 직원에게 부탁할 수도 있어 이는 공간을 잘 활용하기 위한 절충안입니다. 간결한 가게 내부를 일러스트와 관엽식물로 장식해 재미있는 분위기로 완성했어요.

Interior
셀프, 주문, 양쪽 다 가능한 절충 방식

판매 공간은 작게, 주방 공간은 여유롭게 배열

건물 구하기

처음에는 같은 도큐선 연선인 가쿠게이다이가쿠나 유텐지 쪽으로 알아보았으나 마음에 드는 점포를 찾지 못한 채 1년 정도 시간이 흘렀고 결국 아내의 친정인 오오카야마 주변까지 지역을 확대했습니다. '유동인구가 많은 상점가와 가깝지만 직접 붙어 있지 않은 곳'을 약 3개월 만에 발견했어요. 슈퍼 작업장으로 사용하던 곳으로 오래되서 직접 청소하는 일부터 시작습니다.

다양한 종류의 빵을 만들고 싶었기에 매장은 작게 만들고, 그 대신 빵을 굽는 주방은 넓게 만들어 충분한 작업 공간을 확보했습니다. 덕분에 작업은 원활하게 진행된다고 합니다. 주방기기는 중고로 구매했으며 오븐은 성능이 좋기로 알려진 '도쿠라'를 지인에게 물려받았으나 운송비와 설치비용으로 70만 엔이나 들었습니다. 전기 설비 등도 공사가 필요했기에 리모델링 비용은 초기 예상을 뛰어넘었습니다.

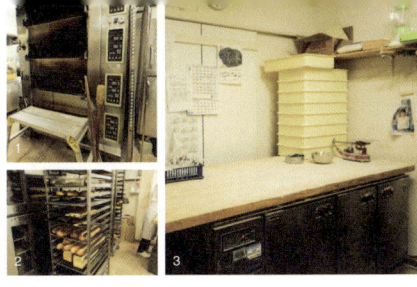

1. 4단으로 구울 수 있는 도쿠라의 오븐은 이래저래 만능인 성능이 마음에 든다. 2. 구워낸 빵은 매장 곁 랙에 차곡차곡 넣어둔다. 3. 냉장고 위에 나무판을 설치한 넓은 작업대.

Kitchen
많은 빵을
구울 수 있도록
여유롭게 배치

속 재료는 직접 만든다
샌드위치 속을 비롯해 함께 넣는 토마토소스, 라비고트소스, 마요네즈 등도 직접 만듭니다. 가게 특유의 맛을 내기 위해서일 뿐만 아니라, 되도록 저렴한 가격으로 팔기 위해 비용 절감을 위한 것입니다.

설비표
오븐: 도쿠라(중고)
냉장고: 호시자키(중고)

Menu
겉모양의 개성도 빛나는 빵

바질과 올리브로 만든 푸가스
프랑스빵에 블랙 올리브와 제노베제 페이스트를 조합한 나무의 모양을 모방한 큼지막한 빵. 340엔 (소비세 포함)

산모양 잉글리시 브레드
바삭하고 가벼운 식감으로 밀이 지닌 향긋함이 확연히 느껴진다. 매일 먹어도 질리지 않는 맛. 270엔 (소비세 포함)

초콜릿과 바나나의 뺑 페르듀
바나나와 초콜릿을 듬뿍 사용한 프렌치토스트. 겉은 사각사각, 속은 촉촉하고 농후하다.
260엔(소비세 포함)

크림치즈와 애프리콧으로 만든 간식 샌드위치
간식용 샌드위치도 인기. 홍차와 화이트와인으로 조린 살구와 담백한 크림치즈의 절묘한 조합. 290엔(소비세 포함)

이베리코 돼지 베이컨과 잎새버섯 타르틴
이베리코 돼지로 만든 베이컨과 잎새버섯의 풍성한 향의 조합에 토마토소스와 바질소스를 호화롭게 뿌렸다. 270엔(소비세 포함)

하얀 쿠키 딸기
가격을 낮춰 빵과 함께 구매할 수 있게 마련한 쿠키. 딸기 파우더를 듬뿍 묻혔다. 210엔(소비세 포함)

수제 소시지와 렌즈콩과 토마토소스
뽀득한 소시지는 직접 만든 수제 소시지. 렌즈콩과 토마토소스를 곁들여 부드러운 빵에 샌드했다. 390엔(소비세 포함)

속 재료도 직접 만든 샌드위치가 자신 있는 메뉴

필링만으로도 훌륭한 요리가 되는, 종류도 풍부한 샌드위치는 간판 상품. 빵 속에는 재료를 절묘하게 조합했습니다. 빵의 종류를 풍부하게 갖추고 있으며 필링과 소스를 직접 만들어 시간은 걸리지만 구움 과자와 소스를 정기 휴일인 월요일에 만들어 효율성을 높였습니다.

메뉴 포인트

- ☑ 샌드위치와 속 재료, 소스는 대부분 직접 만든다
- ☑ 빵의 모양과 샌드위치 포장 등 외관도 중시한다
- ☑ 주변 가게와 차별화하기 위한 풍부한 제품군

Topics
부부 각자 역할을 분담해서 개업

가게 설계는 신이치 씨, 경영에 관한 공부와 자금계획은 치즈 씨가 담당.
부부가 함께 준비했다.

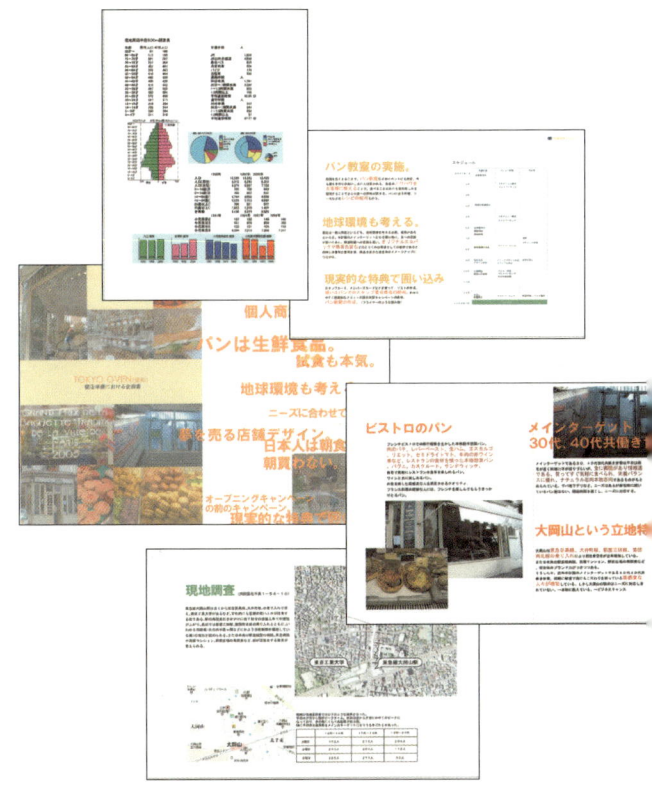

융자의 관건이 된 사업계획서

가게를 시작하는 것은 예상외의 일이었기에 개업을 결심했을 때 부부 둘이서 경영 공부를 시작했습니다. 책을 읽으면서 얼마나 비용이 드는지 계산했어요. 저금만으로는 창업이 어렵다고 판단하고 즉각 치즈 씨가 간단한 사업계획서를 준비해 일본정책금융공고에 상담하러 갔습니다. 이때, 건물을 구하지 못하면 융자를 받기 힘들다는 것과 더 좋은 계획서를 만들기 위한 조언을 얻었습니다. 신이치 씨가 다니던 빵가게에서 인터뷰했던 당시의 기사와 현지조사, 상권조사 등을 덧붙여 사업계획서를 완성했습니다.

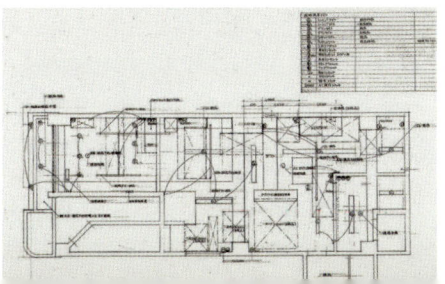

디자인 기술을 활용하다

상호명은 오픈 전에 태어난 장남의 이름과 도야마 사투리로 '활기가 있다'는 뜻의 글자를 합쳐서 이토키토로 정하고, 명함은 신이치 씨가 직접 디자인했습니다. 원래 건축·디자인 관련 일을 했기에 가게 설계도도 직접 작성해서 이를 토대로 건축회사에 의뢰해 설계비를 절감할 수 있었습니다. 가게 공사 중에도 오픈을 알리는 포스터를 만들어 가게 앞에 붙여서 광고했고, 이를 보고 찾아온 사람도 많아서 개점 초기부터 손님의 발길이 끊이지 않았다고 합니다.

Interview
놀라움이 있는 빵을 전하고 싶다

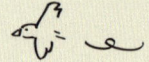

Q.1
상품 라인업에서 고심하는 점은?

고객에게 놀라움을 줄 수 있는 샌드위치를 만들고 싶습니다. 식빵과 바게트는 손님들의 요청에 따라 하프사이즈도 팝니다. 그 밖에도 식빵을 사러 온 김에 같이 사고 싶어지게 가벼운 과자와 빵을 다양하게 구비했습니다.

Q.2
속 재료가 호화로운데 원가를 낮추기 위한 노력은?

소스와 필링을 모두 직접 만들어 원가를 낮춰 가격도 낮췄습니다. 원가율은 월간, 연간을 총체적으로 생각해서 너무 올라가지 않게 조정합니다.

Q.3
개점 전 홍보활동은 하셨나요?

오픈 전날 상점가 입구에서 광고지를 돌리고, 가게 앞에서 미니 데니시 시식과 함께 커피서버를 대여해 커피를 돌렸습니다. 눈이 오는 날이었지만 대성황을 이루었습니다. 그때 와주신 분이 오픈 날에도 다시 찾아주셨습니다.

Q.4
오픈 준비 과정에서 힘들었던 것은?

개점까지는 굉장히 허둥지둥했습니다. 아르바이트생도 개점 1주일 전에 모집하기 시작해서 개점 전날까지 가족들이 총동원되어 가격표를 만들었습니다. 메뉴는 미리 생각해두었지만 시간이 부족해 충분한 시제품을 만들 시간이 없었습니다.

가쓰노 신이치 씨
Shinichi Katsuno

가쓰노 치즈 씨
Tidu Katsuno

Sandwich!

Data
데이터로 보는 《이토키토》

개업일
2007년 1월 7일

개업자금
1,400만 엔

점포 취득비: 180만 엔
인테리어비: 700만 엔
집기·설비비: 200만 엔
운전자금: 320만 엔
본인 자금: 700만 엔
일본정책금융공고: 700만 엔

점포면적
17평

객 단가
650엔(평일) 850엔(주말)

1일 평균객수
250명(평일) 350명(주말)

직원
오너 2명 + 사원 2명 +
아르바이트 4명

Point.1
개업 자금은 저금액과 같은 금액을 대출
과거 가게에서의 실적과 제대로 된 자료를 준비해서 본인 자금과 같은 금액인 700만 엔을 대출받았다.

Point.2
DIY로 인테리어비를 절감
전기 공사비와 외부 인테리어 등에 돈이 상당히 많이 들어서 매장 벽은 직접 칠해서 비용을 절감했다.

처음에는 주에 하루 쉬며, 쉬는 날도 재료 준비로 바빠서 가게에서 쪽잠을 자기도 했습니다. 지금은 주에 이틀을 쉬며 직원과 함께 제조를 분담해 조금 여유가 생겼습니다. 정기휴일을 늘려도 매출이 떨어지지 않았고, 문을 여는 날에 사러 오는 손님이 늘었습니다. 지역에 뿌리내려 매출이 매년 오르는 등, 점점 좋아지고 있습니다.

지금까지의 여정

2001년 디자인 회사를 퇴직
대학에서는 건축 디자인을 공부하고, 졸업 후에는 디자인 회사에 취직. 관리 업무가 늘어나던 중에 만드는 행위에 마음을 빼앗겨 퇴직하고 8개월 쉬면서 다음 방향을 모색했다.

2002년 나카메구로의 《나이프》에서 연수
가게를 보자마자 느낌이 와서 그곳에서 3년 동안 빵 만들기를 배웠다.

2005년 비스트로의 주방 담당으로
샌드위치에 도움이 될 요리를 배우기 위해 비스트로에 취직.

2007년 《이토키토》 개업
장남이 태어난 후 바라던 가게를 열었다.

하루의 흐름

4:00 출근
15:00까지 순차적으로 50종류의 빵을 굽는다. 현재는 3~4명의 직원과 함께 작업

10:00 개점
매장은 치즈 씨와 아르바이트생이 담당

15:00 빵 굽기를 마치고, 다음날을 위한 재료 준비

20:00 폐점

22:00 퇴근

12
Bread

시마이(cimai)

자매가 운영하는 손님이 줄을 짓는 빵가게

사이타마현 삿테시 삿테 2058-1-2
埼玉県幸手市幸手 2058-1-2
Tel. 0480-44-2576
Open. 12:00~18:00경   Close. 비정기 휴무
http://cimai.jugem.jp

Story

이벤트 출점으로 힘을 길러 실제 점포를 오픈

한 가게 안에서 언니는 천연효모 빵을 굽고 동생은 이스트 빵을 굽는다. 가게 이름 그대로 《시마이(cimai, 자매라는 뜻)》입니다.

세살 차이 자매인 언니 오쿠보 마키코 씨와 동생 미우라 유키코 씨가 운영하는 빵집입니다. 어릴 때부터 좋아하는 것, 취미가 비슷했던 두 사람은 각자 다른 카페에서 일했어요. 어느 날, 놀러 갔던 나스의 인기 가게 《1988 cafe shozo》에 반해 '언젠가 이런 분위기의 가게를 하고 싶다'고 생각한 것이 창업 계기가 되었습니다.

이 바람을 빵 가게로 실현하고자 두 사람은 도쿄와 사이타마에서 각자 빵가게에 취업했습니다. 유키코 씨는 그와 함께 친구와 결성한 카페 유닛으로 이벤트에 참여하고, 마키코 씨도 동생의 활동에 자극받았다. 2005년에 드디어 두 사람의 빵 유닛 '시마이'가 탄생했습니다.

활동하다보니 빵을 좋아하는 사람들 사이에서 알려져 서서히 주문이 늘어나 바빠졌어요. 빵집에 근무하면서 '시마이'를 지속하는데 한계를 느낀 두 사람은 가게를 시작하기로 결심합니다. 하지만 언젠가는 가게를 하고 싶다고 막연하게 생각했던터라 자금이 없었기에 대출을 받고, 언니가 근무하던 가게에서 주방 기기를 저렴하게 넘겨받고, 친구에게 인테리어 도움을 받아 가게를 오픈합니다.

도부닛코선 삿테역에서 도보 30분 남짓 걸리는 곳에 있어 찾아오기 쉽지 않은 입지조건이었기에 이벤트에서의 인기와는 정반대로 오픈 초기에는 손님도 적었다고 합니다. 하지만 그 맛이 서서히 평판을 얻어 언제부턴가 문을 열기도 전에 줄을 서서 기다릴 정도의 인기 가게가 되었습니다.

1. 계산대 근처에는 오래 보존할 수 있는 상품을 2. 가게 안에서 먹고 갈 수 있도록 준비한 가구는 판매도 한다. 3. 쇼 케이스와 작업대는 낮게 만들어서 작은 점포이지만 답답하지 않다.

'콘크리트로 된 사각형 상자나 창고 같은 건물이 좋다'는 취향이 같았던 두 사람은 벽돌 타일이었던 외벽을 회반죽으로 하얗게 칠하고 창과 문은 인터넷 옥션에서 찾은 앤티크 제품으로 바꾸었습니다. 클래식하게 칠한 마룻바닥과 원목의 맛을 살린 빵 선반 등은 주문 제작했습니다. 처음부터 만들고 싶었던 가게의 이미지가 확실해 순조롭게 진행되었습니다. 가게 내부는 작지만 간결한 공간에 빵이 진열되어 있어 손님과의 거리가 가깝게 느껴진답니다.

Interior
깐깐함이 응축된 따스함이 있는 공간

건물 구하기

이바라기와 도쿄에 살았던 두 사람. 가게 장소는 결혼해서 아이가 있는 유키코 씨의 집과 가까운 곳으로 생각했습니다. 안성맞춤인 지금의 건물을 발견했지만 조용한 교외라서 '빵이 팔릴까'라는 불안도 있었다고 합니다. 시험 삼아 근방에서 열린 이벤트에 참여하니 대성황을 이루어서 무사히 가게를 열었습니다.

주방에서 존재감을 내뿜는 3단 돌가마 오븐은 언니 마키코 씨가 이전에 근무했던 도미가야에 있는 '르방'에서 저렴한 가격으로 양도받은 기기입니다. 그 외에 믹서도 양도받고, 발효기와 냉장고는 중고로 샀어요. 설비는 인터넷 옥션을 이용해서 경비를 줄일 수 있었습니다. 천연효모와 이스트 빵, 각자 작업 공정이 다른 두 사람은 시간을 잘 분배해서 상대방의 움직임을 봐가며 하나의 주방에서 효율적으로 작업할 수 있도록 했습니다.

언니 마키코 씨가 물려받은 훌륭한 오븐은 구시자와 전기제작소의 돌가마 오븐. 구운 빵은 바로 옆의 랙에서 잔열을 제거한다.

Kitchen
각자의 작업에
집중할 수 있도록
동선을
생각한 배치

효율적으로 작업을 진행하기 위해 각자 상대방의 움직임을 눈 한 켠으로 보며 일한다. 천연효모 빵은 하루에 만들 수 있는 수량에 한계가 있어 상품이 조금 남으면 이스트 빵을 만들어 보충한다.

설비표

오븐:	구시자와 전기제작소(중고)
믹서:	SK믹서(중고)
발효기:	구시자와 전기제작소(중고)
냉장고:	호시자키(신품)

Menu
천연효모와 이스트, 저마다 매력 있는 빵

애플파이
사각사각한 파이지에 설탕을 사용하지 않고 천연의 단맛을 살리며 조린 사과가 듬뿍. 340엔(소비세 포함)

현미 blanc
적미, 흑미, 녹미와 함께 익힌 현미를 더한 독특한 빵. 오톨도톨한 식감. 1/2 사이즈 230엔(소비세 포함)

앙버터
쿠페빵에 수제 앙금과 요쓰바버터를 듬뿍 넣었다. 부드럽게 입안에서 녹아내리는 그리운 맛.
210엔(소비세 포함)

커런트와 호두
전립분, 호밀을 넣은 반죽에, 레드와인에 담근 커런트와 호두를 조합한 하드 계열 이스트 빵.
280엔(소비세 포함)

크루아상
천연효모 반죽에 버터를 넣은 크루아상. 사각거리는 독특한 식감이 중독성 있어 인기가 많다.
180엔(소비세 포함)

크랜베리 초코
전립분, 호밀을 넣은 반죽에 크랜베리와 카카오 함유량 73%의 비터 초콜릿을 듬뿍 넣었다.
300엔(소비세 포함)

뺑 오 쇼콜라
파삭파삭한 천연효모 반죽에 비터 초콜릿을 넣고 구워낸 인기 상품. 초콜릿의 씁쓸한 맛이 포인트.
200엔(소비세 포함)

만드는 사람이 달라도 겉모습과 소재에는 통일감을

천연효모와 이스트. 서로 다른 빵을 만드는 두 사람이지만, 같은 재료를 사용하여 크기와 겉모습에 통일감을 줍니다. 굽는 시간은 다르지만, 따로 구분해서 진열하지 않습니다. 위의 상품 중에서 크루아상, 애플파이, 뺑 오 쇼콜라가 마키코 씨가 만든 천연효모 빵, 나머지는 유키코 씨의 이스트 빵입니다. 손님은 어느새 서로 다른 빵을 접하고, 저마다의 맛을 즐길 수 있답니다.

메뉴 포인트

- ☑ 재료는 생산자의 얼굴을 아는 안심할 수 있는 곳과 거래한다
- ☑ 블로그에 천연효모, 이스트 각각의 빵이 나오는 시간을 알린다
- ☑ 이벤트 등의 의뢰를 통해 새로운 빵에 대한 아이디어가 생기기도 한다

Topics
새로운 만남이 있는 장소
오픈 초기부터 지향했던 음식과 라이프스타일을 발신하는 공간

현재 가게 2층을 개조해 이벤트 공간 《shure》로 활용하고, 정기적으로 개최하는 요가 교실 외에도 '신체 홈케어 모임', '효소 엑기스를 만드는 모임' 등 다양한 이벤트를 연다. 또한, 케이크 가게 《keica》, 잡화점 《in-kyo》, 그릇과 잡화가게 《hal》 등의 상품을 판매하는 날도 있습니다. 주변에 가게가 많지 않은 지역이라 사람과 사람을 연결하고, 다양한 정보를 얻을 수 있는 장소가 되었습니다.

"오픈 초부터 빵뿐만이 아니라 이곳을 거점으로 음식과 라이프스타일을 보여주고 싶었어요. 개점 후 몇 년이 지나면서 조금씩 자리가 잡힌 느낌이죠"라는 유키코 씨. 오픈 전부터 이벤트 참여 등을 통해 다양한 연결고리를 중시해 온 가게이기에 네트워크를 적절히 활용합니다.

HANG cafe
사이타마 현 후지미노 시에 있는 카페. 프랑스 카페에서 사용했던 운치 있는 의자와 공업용 법랑 램프 등 오래된 가구를 활용해 전시·판매도 병행한다. 가게에서 사용하는 의자와 테이블은 《HANG cafe》의 것으로 구매도 가능하다.

찻집 Joycecafe
가게 주차공간에 한 달에 몇 번 나오는 커피 이동판매 가게. 가게 안으로 들고 들어와서 빵과 함께 먹고 갈 수 있는 시스템이었으나 실제 점포를 준비하기 위해 2015년 4월로 종료. 근처에 새로 카페를 개업할 예정.

mitsukojijam
《시마이》빵의 동반자는 과일 수확 시기에 과수원과 직거래로 사들인, 제철 과일로 정성스럽게 만드는 《mitsukojijam》의 잼. 농후한 과일의 맛과 빵과의 조합도 발군.

Interview
둘이라서 가능했던 가게 만들기

Q.1
오픈 초기와 현재를 비교했을 때 바뀐 부분은?

초기에는 이벤트에서 《시마이》를 알게 된 비슷한 세대의, 빵을 좋아하는 분들이 주말에 주로 찾아왔습니다. 지금은 동네 사람, 어르신들, 남자 회사원 등 연령대도 직업도 각양각색입니다. 이렇게 바뀌면서 매출은 안정되었습니다.

Q.2
역에서 먼 곳인데 홍보를 위해서 어떤 노력을 하셨나요?

개점 초기에는 손님 수가 들쭉날쭉 했기에 인근 주택이나 자연주의 유치원 등에 전단을 돌렸습니다. 손님 수가 안정되기까지 약 3년 정도 걸렸습니다.

미우라 유키코 씨
Yukiko Miura

오쿠보 마키코 씨
Makiko Okubo

Q.3
개업 준비 과정에서 하길 잘했다고 생각하는 것은?

지인의 권유로 사업계획서를 만든 것입니다. 창업 동기와 장래에 대한 비전, 매출 목표 등을 현실적으로 담아 본인 자금이 전혀 없었음에도 불구하고 국민정책금융공고의 융자를 받을 수 있었습니다.

Q.4
둘이서 하는 장점, 단점은?

장점은 빵 종류가 늘어서 다양해졌다는 점입니다. 매출 등도 특별히 엄밀하게 나누지 않고 절반으로 합니다. 단점은 딱히 없지만, 주방은 두 사람이 쓰기 편하게 설계했으면 하는 아쉬움이 있습니다.

vision!

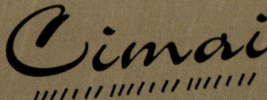

Data
데이터로 보는 《시마이》

개업일
2008년 7월 8일

개업자금
460만 엔

점포 취득비: 20만 엔
인테리어비: 160만 엔
집기 · 비품비: 230만 엔
광고 선전비: 0엔
운전자금: 50만 엔
모두 국민정책금융공고를 통한 융자

점포면적
22평

객 단가
1,000∼1,500엔

1일 평균객수
50∼60명

직원
오너 2명,
아르바이트 5명

Point.1
개업 자금은 모두 대출
개업 자금은 모두 유키코 씨 명의로 대출받았습니다. 처음에는 아버지가 창업을 반대했었기 때문에 보증인이 필요 없는 대출을 신청했다.

Point.2
외부 인테리어는 잡지사의 기획으로 자금을 받다
운 좋게도 한 잡지의 기획에 뽑혀 지원 받은 돈으로 회반죽을 칠해 외부 인테리어를 완성했다. 단, 보강 공사비는 부담했다.

빵가게는 아침 일찍 일이 시작되기에 가정과 양립하는데 어려움도 있었다고 합니다. 개업 초기에는 바빠서 유치원생이던 아이를 가게에서 재우고 작업했던 적도 있습니다. 가게를 계속 유지하려면 가족의 이해와 협력은 빼놓을 수 없습니다. 지금은 주에 2일 정도는 쉰다네요.

지금까지의 여정

1999년 각자 빵 연수
마키코 씨는 천연효모 빵가게 《르방》, 유키코 씨는 빵과 케이크를 만드는 가게에 취직. 유키코 씨는 카페 유닛으로도 활동했다.

2005년 빵 유닛 《시마이》를 결성
에비스에 있는 그릇과 잡화가게 《Ekoca》의 이벤트에 둘이서 참여. 이후 직장에 다니면서 이벤트에 참여.

2008년 오픈

하루의 흐름

5:30 천연효모와 이스트 재료 준비
마키코 씨의 천연효모 빵 준비를 시작. 애플파이, 크루아상 등을 성형하고 굽는다. 그때쯤 유키코 씨가 이스트 빵 준비를 시작. 성형, 분할, 믹싱, 앙금, 속재료 준비 등이 끝나면 굽는다.

12:00 크루아상 굽기
가게 매출을 보고 유키코 씨가 추가로 빵을 굽는다.

15:00 다음 날 재료 준비
유키코 씨는 바게트 준비를 중심으로, 마키코 씨는 효모 보충을 위주로 작업

20:00 퇴근

13
Bread

수제 효모빵 노타리
Notari

향수를 자극하는 교외형 옛 민가 베이커리

후쿠오카현 이토시마시 시마사쿠라이 2445
福岡県糸島市志摩桜井 2445
Tel. 092-327-0554
Open. 12:00~소진 시까지 Close. 월~목
http://notaripan.blogspot.jp

Story

365일 먹고싶은 빵 만들기

바다와 산이 눈과 코앞에 있는 자연이 느껴지는 후쿠오카 현 이토시마시는 후쿠오카시에서 차로 약 1시간 걸립니다. 최근에는 간토에서 오는 이주자도 늘고 있는 주목받는 지역입니다. 그중에서도 조금 후미진 곳에 오도카니 홀로 서 있는 건물이 《수제 효모빵 노타리》. 옛 민가를 리모델링한 점포 겸 자택으로 어딘가 향수를 불러일으키는 분위기가 감돕니다. 영업일은 금·토·일, 단 3일. 이 날은 영업시간 전부터 많은 손님이 차에서 대기하는 인기 가게입니다.

원래는 같은 제과점에서 빵을 만들던 나가타 씨 부부. 결혼을 계기로 독립해 둘이서 천연효모 빵집을 시작했습니다. "자신 있었던 건 아니지만, 부부가 함께할 수 있는 일을 하고 싶어서요"라고 겸허하게 미소 짓는 두 사람은 육아를 위해 도시보다 자연에 가까운 곳에서 생활을 즐기고자 이토시마시에서 건물을 구해 가게를 시작하여 어느새 7년째를 맞았습니다.

동네 특유의 태평한 분위기, 그리고 두 사람의 느긋한 분위기와는 대조적으로 빵 만들기는 금욕적입니다. "100명 있다면 100명이 좋아할 만한 것을 만들려고는 하지 않습니다. 좋아한다고 말해주는 사람이 100명 중에 1명이라도 있다면 저희처럼 작은 가게는 유지할 수 있다고 생각합니다." 부드러운 태도 속에서 올곧은 제작자의 마음이 전해집니다. 오후에는 빵이 다 팔릴 정도로

잘 되는 가게인 《노타리》. 주 3일 영업이지만 본인들이 정말 좋다고 확신하는 빵만 만드는 그 흔들림 없는 자세가 많은 손님을 다시 찾게 하고, 그 맛을 찾아 또 오고 싶어지는 인기 가게로 성장하게 했습니다.

1. 오래된 재봉틀은 주방도구를 구매한 가게에서 물려받았다. 2. 인터넷 옥션에서 손에 넣은 진열장. 3. 가게의 분위기와 어울리는 연식 있는 실내장식. 4. 자연광을 받으며 진열된 빵.

Interior
지은 지 100년이 넘은 옛 민가의 분위기를 그대로

나무로 된 창과 기둥, 대들보 등 지은 지 100년이 넘은 역사 깊은 건물은 방문하는 사람에게 옛 추억을 떠오르게 합니다. 개조는 주로 나가타 씨 부부와 양쪽 부모님과 형제, 조카, 친구가 하고 구조와 관련된 부분만 같은 지역에 사는 목수에게 부탁해 열흘 정도 함께 개보수 작업을 했다고 합니다.
현관 이외의 자재는 만물상에서 발견하거나, 마을회관에서 물려받거나, 폐교에서 쓰던 자재의 도장을 벗겨내는 등 어느 정도 시간이 경과한 것을 사용해 건물이 지닌 분위기를 해치지 않도록 했습니다. 유일하게 비싸게 산 것은 인터넷 옥션에서 찾아낸 유리로 된 빵 케이스로, 앤티크의 풍취가 가게 분위기와 잘 어울립니다. 시간을 더할수록 애착이 가는 인테리어가 《노타리》의 빵을 살며시 북돋웁니다.

점포 겸 자택이므로 둘이서 일하기에는 충분한 공간을 확보

건물 구하기

이토시마 시내에서 빈집을 발견하면 그 즉시 살던 지역의 구청장에게 집주인을 물어보고 편지를 쓰고 인사도 갔다고 합니다. 효율적이지 않지만 한 집 한 집, 이상적인 건물을 찾아서 약 1년. 지은 지 100년 이상 된 우물도 있는 오래된 단독주택과 만났습니다.

1. 직접 만든 선반은 버팀대를 피스로 고정해 판자를 올린 간단한 만듦새. 2. 주방기기는 대부분 중고로 갖춰 설비비를 절감. 3. 주방 도구는 재활용 가게에서 얻어온 것도 많다.

Kitchen
필요최소한의
기자재만 있는 작은 주방

《노타리》의 주방은 무척 소박합니다. 부부 둘이서 작업하기 딱 좋은 크기의 주방에는 벽과 기둥, 원래 있던 배관에 맞춘 오븐과 믹서, 냉장고 등을 설치했습니다. 그리고 오븐에서 나오는 열을 정면에서 받으면 여름철에는 너무 더워서 작업대는 오븐과 조금 띄어놓았다고 합니다.

주방에서 특히 눈길을 끈 것은 유기농 식자재입니다. '유기농 제품은 가격대가 있어서 고민했지만 먹고 비교했을 때의 맛, 풍미가 달랐기 때문에'라며 원가보다도 맛을 우선시해 재료를 결정했습니다. 이 밖에도 호밀 외에는 모두 국산만 사용하며, 친환경으로 재배하는 지인의 농가에서 채소를 가져와 빵의 재료로 쓰는 등 깐깐하게 소재를 선택해서 빵을 만듭니다.

말린 과일과 견과류는 유기농 식자재를 판매하는 온라인 숍 《노바(ノヴァ)》에서 가져온다.

설비표

오븐: kyuhan(중고)

발효기, 도우컨디셔너: kyuhan(중고)

믹서: 아오시마 경기제작소(중고)

냉장고: 샤프(가정용)(신품)

Menu
유기농 소재로 만드는 심플한 하드 계열 빵

열매와 씨앗
표면의 바삭한 식감과 묵직한 반죽 모두를 즐길 수 있다. 호두와 해바라기 씨, 호박씨가 듬뿍. 190엔(소비세 포함)

호두와 건포도
유기농 호두와 건포도가 올목졸목 든 호밀빵. 묵직하니 무게감이 있어서 포만감은 충분하다. 320엔(소비세 포함)

카카오
유기농 카카오의 진한 향이 도드라진다. 약간 씁쓸하지만 농후한 초콜릿이 그야말로 어른의 맛. 420엔(소비세 포함)

포카치아
올리브유와 소금, 로즈메리 향이 어우러진 포카치아는 쫀득쫀득한 식감이 인기. 170엔(소비세 포함)

전립분 빵
살짝 토스트 하면 바삭바삭한 식감과 밀의 맛과 향이 입 안 가득 퍼진다. 1/2개 250엔, 1개 500엔(소비세 포함)

호밀 캄파뉴
찰진 식감에 씹으면 씹을수록 호밀의 향긋함이 배로 늘어난다. 식사 메뉴와도 궁합이 맞다. 1/2개 250엔, 1개 500엔(소비세 포함)

'아이가 안심하고 먹을 수 있는 빵'이 콘셉트

'내 아이에게도 먹이고 싶은 빵'. 이 단순한 생각이 빵 만들기의 기본입니다. 수제 천연효모와 국산 밀을 고집하며, 달걀과 유제품을 사용하지 않는 하드 계열의 묵직한 빵은, 필요하지 않은 것은 하나도 들어있지 않은 만큼 씹을수록 소재의 감칠맛이 입안 가득히 퍼집니다. 날마다 만드는 약 20종의 빵은 유기농 말린 과일과 견과류 등을 조합해, 되도록 소재의 맛이 전해지도록 최대한 단순하게 만든다고 합니다. 각각의 소재가 지닌 든든한 맛에 반한 많은 사람이 《노타리》를 찾기 위해 일부러 멀리서도 옵니다.

메뉴 포인트
- ✓ 건포도로 만든 효모를 계종해서 만든 수제 효모를 사용
- ✓ 말린 과일, 견과류는 모두 유기농. 테스트를 거쳐 최적의 배합을 찾는다.
- ✓ 지인의 농가에서 키운 유기농 채소를 사용해 신작을 만들기도

Topics
건물 구하기부터 리모델링까지, 고생의 연속

100년간 생활해 온 사람들이 쌓아온 시간에 대해 경의를 표하며 오래된 민가를 점포 겸 자택으로 리모델링했습니다.

독립했을 당시에는 다른 곳에서 가게를 했지만, 집주인이 바뀌면서 이전해야 하는 상황에 놓였습니다. 그때부터 건물 구하기가 만만치 않았는데, 겨우 찾아낸 현재의 건물은 집주인이 친척을 설득하기까지 9개월이나 걸렸다고 합니다. 이 일을 통해 나가타 씨 부부는 '역사가 있는 건물이니 여기서 생활해온 사람들이 쌓아온 시간에 대해서 경의를 표하며 리모델링을 하자'는 목표가 굳어졌다고 합니다. 고작 10평의 가게에서 장사하기에는 제약이 많은 공간이지만 우물물을 사용할 수 있고, 넓은 부지의 마당도 있는 등 빵 만들기에도 거주하기에도 축복받은 환경입니다. 개점까지는 원래 계획과는 무관하게 진행해왔지만 '안되면 그때부터 생각하면 된다'는 '분발하지 않는 자세'와 응원해준 사람들에 대한 감사하는 마음이 지금의 인기 가게로 이어졌습니다.

1. 마치 시골집에 놀러 온 듯한 미닫이 현관. '드르륵' 기분 좋은 소리를 내며 가게 안으로. 2. 기둥에 걸린 시계는 벼룩시장에서 산 것. 3. 툇마루에서는 손님이 구매한 빵을 먹는 한갓진 광경이 펼쳐진다. 4. 오래된 민가를 바꾸지 않고 그대로 살릴 수 있도록 인테리어.

Interview
다시 찾고 싶은 가게를 목표로

Q.1 영업일 3일 외에는 무엇을 하십니까?

스콘과 러스크를 굽기 직전 상태까지 만들고, 효모를 계종하고, 견과류를 볶는 등 거의 재료준비를 합니다. 영업일에는 시간이 빡빡해서 미리 준비하는 것만으로도 빠듯합니다.

Q.2 가게가 조금 외진 곳에 있는데, 어떻게 홍보를 하셨나요?

우선 DM을 만들어서 이전하기 전의 가게에 와주신 손님들에게 건네거나, 지인의 가게에 비치해두곤 했습니다. 또 손님이 블로그에서 소개해 주시거나, 잡지에 기사가 실려 입소문으로 알려졌습니다.

Q.3 일의 보람은 어디에서 느끼시나요?

손님이 드셔야지만 의미가 있는 일이라서 한 번 오신 손님이 지인을 데려오거나, 매주 기대한다고 말씀하시면 무척 힘이 됩니다.

Q.4 가게를 시작하려는 분들에게 조언을 부탁드립니다.

지금 돌아보면 개업까지 너무 무계획이었는데 잘도 그런 무모한 일을 저질렀다 싶습니다. 하지만 힘든 경험은 언젠가 밑거름이 되니 '그때가 있었으니 지금이 있다'고 생각하실 날이 분명히 옵니다!

나가타 아키코씨
Akiko Nagata

나가타 에이지 씨
Eiji Nagata

SakuSaku!

Data
데이터로 보는 《노타리》

개업일
2011년 11월 11일

개업자금
388만 엔

점포취득비: 9만 엔
인테리어비: 112만 엔
집기·비품비: 245만 엔
광고선전비: 2만 엔
운전자금: 20만 엔
모두 자비

점포 면적
10평

객 단가
1,000~2,000엔

1일 평균객수
30~50명(토·일요일)

직원
오너 2명

Point.1
빵 가격은 본인의 감각으로
원가계산을 하지만, 손님 입장이라면 그 가격으로 살 것인가를 생각해 보고 본인이 불행해지지 않을 정도의 금액으로 설정합니다.

Point.2
모두 자비, 인테리어도 직접
약 7개월을 들여서 점포를 리모델링. 모두 자비로 꾸렸습니다. 기존 건물 구조를 잘 활용했기에 크게 비용이 나가지 않았습니다.

현관 앞에는 서로 단골인 지인 가게에서 만든 수제 잼과 잡화를 판매합니다. 그리고 지역에서 개최하는 '논두렁 콘서트'와 음식 이벤트에 참여하는 등, 서로 간의 연대를 중요시합니다. 앞으로는 자신들의 가게 외에도 빵을 판매해주는 가게를 늘려나갈지 검토 중입니다.

지금까지의 여정

2007년 10월 다니던 빵 가게를 퇴직
퇴직을 계기로 이토시마시 기시(岐志)로 이사

2008년 11월 개점
처음에는 이토시마시 기시에 가게를 열었지만 2년 뒤 집주인이 바뀌면서 이전해야 하는 상황이 된다. 이전할 곳을 찾기 힘들었으나 주위 사람들이 도와줘서 빈집 정보를 얻음.

2011년 4월 이토시마시 사쿠라이로 이사, 개장 개시
2011년 11월 이토시마시 사쿠라이에서 개점

하루의 흐름

2:00 기상, 빵 만들기 개시
아키코 씨는 5시 전후로 일어나 빵 만들기와 병행해서 집안일과 아이를 돌본다.

12:00 빵을 굽고 문을 연다.
개점 후 손님이 좀 잦아들면 에이지 씨는 아키코 씨에게 가게를 맡기고 잠깐 눈을 붙인다.

16:00 소진되는 대로 폐점
이르면 14:00 경에 문을 닫는 일도 있다.
재료 준비를 시작한다.

19:30 저녁식사
저녁은 가족이 다함께 먹는다.

14 634베이글 (BAGEL)

Bread

씹는 맛이 있는 하드 계열 베이글

http://634bagel.com/

Story 소재를 고집한, 씹어 먹는 빵

집안 사정으로 도쿄에서 오사카로 이사한 지 10여 년. 육아에서도 해방되어 뭔가를 만들고 싶다고 생각한 마에카와 마사코씨의 마음속에 떠오른 것이 빵이었습니다. "도쿄에 있었을 때는 사실 그다지 빵을 좋아하지 않았어요. 하지만 간사이(関西)에서는 다들 빵을 자주 먹으니까, 빵맛에 눈을 뜨고 빵가게 탐방 중에 바로 이거야 싶었죠." 빵 중에서도 베이글로 압축한 것은 꼭꼭 씹는 맛이 있고, 노인부터 아이까지 건강하게 '씹어서 먹는' 소중함을 전하고 싶었기 때문입니다. 처음에는 오사카에서 활동을 시작했지만, 남편의 갑작스러운 전근으로 다시 도쿄로 오게 되었습니다. 공방을 새로 마련해 이벤트 출점과 온라인 판매를 위주로 활동하고 있습니다. "제방식대로 베이글의 맛을 전하고 싶습니다."

공방으로 사용하지만 언젠가 판매도 할 것을 염두에 두고 빌렸다고 한다.

Event & Shop
이벤트 출점과 온라인 판매라는 두 기둥

현재는 일요일에 이벤트 출점, 그 외에는 온라인 판매를 위주로 활동합니다. 그리고 수요일만 시부야(渋谷) 지역 한정으로 배달판매와 예약판매도 합니다. 만들고 남는 분량이 없도록 재료 준비에 3일 걸리는 방식을 고수한다고 합니다. 조만간 굽는 날을 늘려서 공방에서 판매하는 것이 목표입니다.

한정 배달판매

일요일까지 주문하면 다음 주 수요일 저녁 시부야 역 주변까지 배달하는 시스템. 약속 시에는 덩굴무늬 보자기가 트레이드마크입니다. 또한, 일요일까지 동일하게 주문해서 수요일 오후 하타가야(幡ヶ谷)에 있는 제조소에서 수령도 가능합니다. 배달 및 직접 수령 모두 배송비는 무료입니다.

이벤트 출점 시의 모습. 634베이글의 콘셉트를 알리는 게시물과 외국인 채식주의자도 알아보기 쉽게 'VEGE' 표시를 가격표에 붙여두었다.

베이글은 랩으로 싸서 판매. 식품 성분표시도 뒷면에 일일이 부착해 안심할 수 있다.

Menu
플레인과 전립분으로 만든다

홀 위트 플레인
홋카이도산 밀 전립분 100%로 만들어 자부하는 상품. 전립분의 강한 향과 다른 곳에서는 볼 수 없는 통통한 식감이 인기. 230엔(소비세 포함)

검은깨 듬뿍
이것도 전립분 100% 반죽. 검은깨와 헤이즐넛을 첨가해 향긋하고 깊은 맛이 나는 베이글. 280엔(소비세 포함)

사쿠란
계절 베이글. 벚꽃의 향과 잎의 짠맛. 크랜베리의 새콤달콤함, 호두의 감칠맛이 퍼진다. 260엔(소비세 포함)

플레인
홋카이도산 밀의 감칠맛이 꽉 들어찬 기본 베이글. 자연스러운 단맛과 촉촉한 반죽으로 깊은 맛이 난다. 210엔(소비세 포함)

무화과
전립분 100%의 향긋한 반죽에 말린 무화과와 씨앗이 톡톡 터져서 맛있다. 여성들에게 인기순위 1위를 자랑한다. 280엔(소비세 포함)

캐슈·후추
듬뿍 넣은 캐슈너트에 알싸한 후추가 들어간 어른의 맛. 맥주 안주로도 추천. 260엔(소비세 포함)

앙금 샌드위치
단팥 앙금에 듬뿍 넣은 로스트 코코넛과 무화과를 더해 전립분 베이글로 샌드. 260엔(소비세 포함)

엄선한 재료를 기본으로 변주

소재는 철저하게 골라서 설탕, 기름, 동물성 재료는 무첨가. 홋카이도산 밀가루와 천연효모, 천일염, 맥아로 만든 반죽을 사용합니다. 홀 위트(통밀)는 홋카이도산 밀의 100% 전립분입니다. 씹는 맛이 있으면서도 적당히 촉촉한 반죽은 기존 베이글의 이미지를 뒤엎는 맛입니다. 병아리콩×향신료, 검은깨×헤이즐넛 등 재료 조합도 독특합니다. 두 가지 반죽으로도 충분히 맛에 변주를 주어서 질리지 않습니다.

메뉴 포인트

- ☑ 꼭꼭 씹어서 먹는 쫀득한 천연효모 베이글
- ☑ 동물성 재료를 사용하지 않는다. 국산 밀, 천일염, 맥아를 사용
- ☑ 소재의 조합이 빛나는 변주

Data
데이터로 보는 《634베이글》

개업일
2013년 11월

개업자금
200만 엔

개업자금: 200만 엔
인테리어비: 100만 엔
집기·비품비: 50만 엔
운전자금: 50만 엔
모두 자비

점포면적
3.5평

객 단가
2,000엔

직원
오너 1명

Q.1 예상했던 고객층은?
동물성 재료를 사용하지 않으므로 채식주의를 지향하는 사람. 그리고 저작력을 기를 필요가 있는 어르신이나 어린아이도 고객층으로 삼았습니다.

Q.2 가게가 고집하는 상품은?
베이글을 만들 때 100% 전립분을 사용하는 경우는 드뭅니다. 장기간 저온 발효해 감칠맛을 충분히 끌어내어 만들기에 그만큼 시간도 오래 걸리지만 자부할 수 있는 맛입니다.

Q.3 이벤트 출점에서 힘든 점은?
날것을 사용하지는 않지만 그래도 더운 날이나 직사광선이 닿는 장소는 품질을 보존할 수 없기에 피합니다. 반대로 추운 날에는 밖에서 계속 판매하는 것이 힘듭니다.

마에카와 마사코 씨
Masako Maekawa

Q.4 오사카와 도쿄에서 각각 개업해보니 다른 점은?
지자체에 따라 보건소 규제가 다르기에 주의가 필요합니다. 개인적으로는 도쿄가 더 엄격하다고 느꼈습니다.

지금까지의 여정

1999년	오사카로 이사 도쿄에서 하던 디자이너 일을 그만두고 남편의 가업 사정으로 이사. 가업을 도우며 사무직으로 재취업
2012년	제빵학교에 다니다 무언가를 만들고 싶다고 생각해서 좋아했던 빵을 배우기로. 베이글과 만나다.
2013년	634베이글을 오사카에서 개업
2014년	도쿄로 이전 남편 직장 사정으로 도쿄로 U턴. 이사 후 건물을 구해 도쿄에서 공방을 차리다.

일주일의 흐름

월요일	온라인 판매용 베이글의 재료 준비
화요일	천연효모 때문에 재료 준비까지 3일 정도 걸린다.
수요일	온라인 판매용 베이글을 굽고 발송 오전에는 굽기 시작한 베이글을 발송. 저녁에는 한정 배달판매로.
목요일	이벤트용 빵의 재료 준비를 시작
금요일	
토요일	
일요일	이벤트 참여, 온라인 판매 주문 마감

빵가게를
시작하려면

빵가게를 시작할 때 고려해야 할
간판메뉴 구상하기,
빵을 굽는 스케줄,
필요한 설비에 대해 정리했습니다.

메뉴 구상하기

이번에 취재한 빵가게의 간판메뉴를 참고로
어떤 식으로 메뉴를 구상하면 좋을지 생각해봅시다.

풍부한 향의 소박한 빵

시마이

전립분을 사용한 하드 계열 빵은 따로 빼서 남겨두라는 요청도 많은 인기 상품. 하드 계열은 속에 반죽해 넣은 견과류와 말린 과일의 조합으로 개성을 드러내면◎

수제 효모 빵 노타리
독일산 유기농 호밀을 사용한 캄파뉴. 씹을 때마다 호밀의 향이 입안 가득히 퍼진다. 매일 먹어도 질리지 않는 소박한 맛.

01 가게의 특징을 살린 빵

인기 가게가 되려면 '저 집의 ○○가 먹고 싶다'는 특징을 살린 빵 만들기가 열쇠입니다. 개성 있는 빵도 좋지만, 식빵이나 하드 계열 빵 등 매일 식탁에 오르는, 질리지 않는 상품으로 단골을 만드는 것도 중요합니다.

02 출점 지역의 요구에 부응한다

입점 지역의 고객층을 고려한 메뉴를 갖추는 것이 중요합니다. 학생이 많은 동네라면 양이 많은 빵이나 가니시빵을. 가족이 많이 사는 동네라면 아이들이 좋아하는 빵을 넣는 것도 좋습니다. 동네에서만 볼 수 있는 소재를 사용하는 것도 추천합니다.

이토키토
맛있는 샌드위치를 위해 비스트로에서 요리를 공부한 주인이 만드는, 어디에서도 맛볼 수 없는 명품 필링이 든 바게트 샌드위치. 다양하게 변주한 메뉴를 갖추고 있다.

맛있는 샌드위치

보네 단느
주문 즉시 잘라낸 바게트로 만드는 샌드위치는 점심시간에 일부러 찾아가서 사고 싶어지는 맛. 주 1~2회 점심을 사러 오는 사람이 다수 있다면 매출은 안정된다.

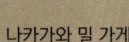
속 재료는 심플

하쿠라쿠 베이글
베이글 등 단품 메뉴로 승부할 경우에는 플레인, 전립분 등의 기본 상품과 제철 재료 또는 특이한 상품 등을 균형 있게 구성하는 것이 좋다. 다른 곳에서는 볼 수 없는 독특한 조합도 가게의 시그니처 메뉴가 된다.

나카가와 밀 가게
100% 유기농 밀가루로 만드는 산형 식빵 '토스트 몽타뉴'. 밀의 맛을 제대로 느낄 수 있는 촉촉하고 쫄깃한 식감이 매력으로, 예약해서 구매하는 단골도 다수.

634베이글
베이글에서는 드문 100% 전립분 시리즈가 인기. 시나몬 애플과 검은깨 헤이즐넛 등 반죽의 풍미를 살린 변주에 힘을 쏟는다. 인터넷 사이트에서도 인기 상품을 잘 홍보한다.

유기농 밀 100%!

03 원가와 이익의 균형

소재를 고집한 질 좋은 상품을 만들더라도 이익이 나지 않으면 경영은 성립되지 않습니다. 원가율은 반드시 하나하나 계산해야 합니다. 그리고 원가가 높은 상품과 낮은 상품을 균형 있게 배치해 총체적으로는 이익이 나도록 합니다.

빵가게의 하루

직접 만들어 갓 구워낸 빵을 제공하기 위해서
빵가게는 이른 아침부터 일하는 경우가 많은 중노동. 하루의 흐름을 파악합니다.

아침 ~ 개점 전	오픈 3~4시간 전에 재료준비를 시작하는 것이 일반적
	개점 시 다량으로 진열할 수 있도록 반죽을 성형하고 굽기 시작
	다 구워진 빵을 가게에 진열
	가게 청소, 잔돈 등의 준비도
오전 중	점심시간과 오후 손님에 맞춰 추가로 굽기
	작업하면서 판매, 접객
	점심시간 전에 가볍게 휴식을 취하는 경우도
오후 ~ 폐점	다음 날 빵의 재료준비와 속 재료의 조리를 시작
	계산대 마감과 메뉴, 재료 체크
	주방과 매장을 청소해 청결을 유지

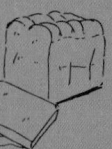

교대근무를 할 수 없는 작은 빵집의 경우, 장시간 노동이 되는 경우가 많습니다. 그리고 개점과 동시에 주력상품을 가게에 진열해야 해서 아침은 가장 바쁜 시간대입니다. 종류가 많을수록 손님은 좋아하지만, 작업량과 오븐 용량 등을 고려해 군더더기 없는 라인업을 정할 필요가 있습니다. 다음 날 아침의 조식용 식빵 등 오후에 잘 팔리는 상품은 오후에 굽고, 이를 가게에서 안내하는 것도 좋습니다. 또한, 항상 갓 구워낸 빵을 가게에 진열하려면 계속해서 재료준비와 성형작업을 해야 합니다. 손님의 흐름이 일단락된 오후부터는 다음 날을 위한 재료 준비를 시작합니다. 날씨와 휴일, 평일 등 손님의 동향에 따라 준비량과 내용을 조정해 재료가 남지 않도록 노력합니다. 그리고 빵 자체도 날씨와 계절의 영향을 받아 그에 따라 완성품에 차이가 있습니다. 아침이 빠르기에 저녁에는 일찍 폐점하는 경우가 일반적입니다. 폐점 후에는 청소와 재고관리를 한 뒤 퇴근합니다.

필요한 설비에 관해서

빵가게에 필요한 설비 기기는 비싼 제품이 많으므로 개업자금이 증가합니다.
여기서는 일반적인 것을 소개하겠습니다.

1	오븐	전기식과 가스식이 있습니다. 전기식은 온도조절이 편하지만, 가스식이 연소 시 나오는 수분으로 인해 빵이 촉촉하게 구워진다는 장점이 있습니다. 용량이 큰 것은 전기 배선 또는 가스 배관이 필요하며 오븐 위에는 배기 덕트가 필수입니다.
2	냉장고·냉동고	재료 보관, 반죽 보관 및 발효조정에 사용합니다. 허리까지 오는 높이로 윗부분을 콜드 테이블로 사용할 수 있는 제품이 인기가 있습니다.
3	발효기	성형한 반죽을 최종 발효시켜서 폭신하게 만드는 기기를 말합니다. 반죽의 건조를 막으면서 32~38℃로 데웁니다. 성형 후 냉동한 반죽을 해동, 발효가 가능한 도우컨디셔너의 일부로 포함된 경우도 있습니다.
4	파이롤러	빵 반죽과 과자 반죽을 얇게 늘리는 기기. 크루아상, 파이 반죽, 데니시 페이스트리 등에 사용합니다.
5	믹서	빵 반죽을 섞는 기기. 손으로 섞는 방법도 있긴 하지만 많은 양을 섞을 수 없으므로 가게를 개업할 때 필요합니다. 섞을 수 있는 리터 분량에 따라 가격이 차이가 납니다.
6	몰더	빵의 '가스 빼기'와 '성형작업'을 하기 위한 기기. 반죽을 위쪽에서 넣으면 성형되어 나옵니다.
7	작업대	빵 생지의 분할, 성형을 하는 작업대와 오븐 앞에서 빵을 넣었다 뺄 수 있는 작업대 2가지가 있으면 좋습니다. 냉장고 기능을 가진 콜드테이블을 이용해도 OK. 그리고 반죽 등을 늘려서 모양을 만들 때에는 열전도율이 낮은 대리석 등의 작업대를 두고 작업하기도 합니다.
8	튀김기	튀기는 기기로 전기식과 가스식이 있습니다. 카레 빵이나 튀김 빵 등을 만들 때 사용합니다.

── COLUMN ──

SHOP CARD

가게 명함

'그거 또 먹고 싶어'라고 떠올리게 만드는 '기억에 남는' 명함을 만드는 방법은?

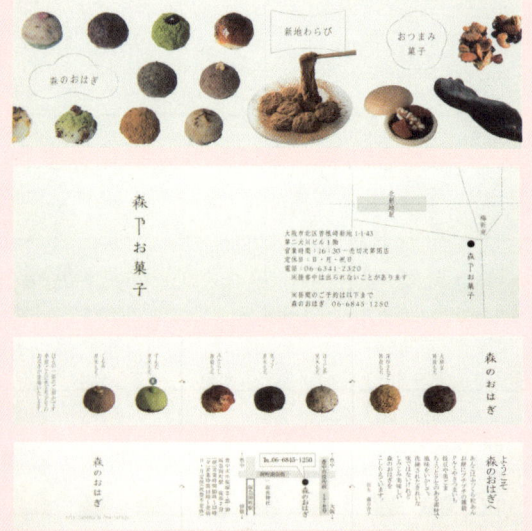

시마이

접힌 상태인 좁고 긴 명함. 맛있게 빵 먹는 법을 첨부해 친절하다. 펼쳐보면 빵 그림이 나타난다!

모리노 오하기

찹쌀떡과 와라비모치 등 판매상품을 랜덤하게 배치해 기억에 남는 명함은 가게 주인의 남편이 직접 디자인했다.

보네 단느

'당나귀 귀 모자'라는 상호대로 모자를 쓴 남자아이가 바게트를 안고 있는 일러스트. 뒷면은 포인트 카드로 만들었다.

들고 다니고 싶은 포인트 카드

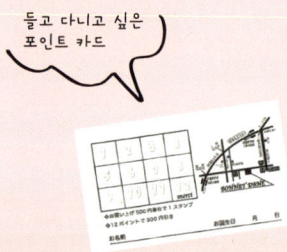

이토키토
식빵의 사랑스러운 실루엣에 파란색 글자로 쓴 상호가 눈에 확 들어온다. 색의 균형을 잘 살린 명함은 점주가 직접 디자인.

어코드
상호와 구움 과자 아이템명만을 표기한 디자인. 일찍이 그래픽디자인 관련 일을 했던 점주가 직접 만든 것.

나카가와 밀 가게
아내가 정말 좋아하는 잡화작가에게 디자인을 의뢰. 양과 염소 아이콘은 부부의 12간지와 별자리에서 따와 그렸다.

로고마크를 크게!

에이미즈 베이크숍
가게 분위기와 어울리는 블랙만 사용한 시크한 디자인. 로고 마크를 크게 디자인에 사용해 인상적이다.

타이야키 가게 유이
여름철 빙수를 팔 때 사용하는 명함. 여름에 어울리는 시원한 색을 사용. 가게가 있는 구니타치에서 디자인사무실을 운영하는 디자이너에게 부탁했다.

눈에 확 띄는 가게이름!

노타리
그림과 글자는 일러스트레이터 모로에 가즈미(諸江和美) 씨가 그린 것. 가게의 느긋한 분위기와 잘 어울린다.

효과적으로 사진을 사용

미레이네
아무렇게나 대충 늘어선 상품 아래에 손으로 쓴 상호, 위에는 인터넷 사이트의 URL. 사진을 사용하면 어떤 가게인지 한눈에 알기 쉽다.

하쿠라쿠 베이글
세로로 긴 모양을 살려서 로마자+영어표기 조합으로 상호를 크게 써서 눈에 띄게 했다. 넓은 여백, 상호와 정보 문자의 균형 등 강한 인상이 남는다.

COLUMN

SIGNBOARD

가게 간판

본래는 어떤 가게인지 어필하는 것이 목적. 하지만 최근에는 일부러 간판을 알아보기 어렵게 만들어서 오히려 눈길을 끄는 스타일도 늘고 있습니다.

1

2

3

5

6

4

7

8

9

1.2/어코드 입구 옆에 화초가 꽂혀있다면 문을 열었다는 뜻. 건물 입구에 놓인 보드는 가게 명함을 흑백 반전시킨 디자인. **3.4/과자점 미모자** 가게 벽에 걸린 간판은 희미하게 글자가 보이는 정도로 '무슨 가게지?'라고 궁금해지도록 만들었다. 입간판 하나로 가게 분위기를 상상할 수 있다. **5/나카가와 밀 가게** 자그마한 나무 간판을 입구 벽면에 무심하게 장식해두었다. **6/모리노 오하기** 운치 있는 철제 간판은 오너의 친동생인 금속공예가 도다 다이스케(戸田泰輔) 씨가 만든 것. **7.8.9/에이미즈 베이크숍**의 플래그, 유리문, 건물 상부의 간판. 상호의 영문표기를 분해해서 만든 로고가 눈에 쏙 들어온다.

1/이토키토 로고가 입체적으로 부조된 디자인 2/미레이네 가게 앞 테라스에 웰컴 보드 같은 간판을 세워두었다. 3/시마이 화이트 단색의 간결한 외벽에 시마이라는 글자를 곁들였다. 가게 안의 심플한 공간과 잘 어울린다. 4.5/노타리 벽돌과 폐자재 등을 사용해 주인이 문자와 일러스트를 그려 넣어 직접 만든 느낌이 물씬 나는 간판. 가게의 느슨한 세계관이 전해진다. 6.7/하쿠라쿠 베이글 유리 간판에 손으로 쓴 듯한 글자. 읽기 쉽고, 상호명도 알아보기 쉽다. 베이글을 연상시키는 둥근 램프에도 상호를 넣었다. 8/보네 단느 프랑스에 있을 법한 가게처럼 나무와 유리문에 금색으로 상호를 넣었다. 왼쪽 문에는 프랑스어로 빵 종류가 쓰여 있다.

COLUMN

SHOP 가게 외관

외관은 그야말로 가게의 얼굴.
맛있는 걸 팔 것 같은 분위기에
마음 편히 들어갈 수 있는 외관이면 좋겠죠.
청결함도 중요합니다.

어코드
맨션의 계단을 뱅글뱅글 돌아서 5층까지 올라가면 나타나는 은신처와도 같은 집. 정겨움이 느껴지는 무거운 문을 열면 달콤하고 푸근한 냄새가 기다립니다.

모리노 오하기
중고가게에서 발견한 낡은 서랍장과 격자문을 배치한 인테리어가 이루 말할 수 없을 정도로 레트로한 감성. 어쩐지 그리운 분위기가 감도는 동네의 분위기에 잘 녹아들었습니다.

에이미즈 베이크숍
벽돌조 빌딩을 점포 입구 부분은 블랙, 옆면은 화이트로 도장. 디저트 가게답지 않은 스타일리시한 외관에서 뛰어난 감각을 느낄 수 있습니다.

보네 단느
나무문에 상호가 들어간 둥근 셰이드가 쳐진. 프랑스 길모퉁이에 옛날부터 있었던 것 같은 앤티크한 분위기. 멀리서 봐도 가게임을 한눈에 알아볼 수 있는 외관입니다.

나카가와 밀 가게
내추럴한 나뭇결이 인상적인 입구. 문고리나 자재 등 여기저기에서 세월의 흐름을 느낄 수 있는 유기 소재를 곁들이는 등 깐깐함이 빛납니다.

과자점 미모자
짙은 초록색 외벽은 주택가 속에서 눈길을 끄는 존재감. 문이 작은 대신 양쪽으로 창을 만들어 가게 안의 분위기를 알 수 있게끔 했습니다.

이토키토
상점가에서 한 골목 들어온 곳에 있기에 화이트 단색의 외관을 통해 이곳이 가게임을 어필합니다. 오늘의 추천 메뉴를 적어둔 간판을 두는 등 손님이 들어오기 편한 가게로 만들기 위해 노력했습니다.

노타리
남의 집에 놀러 온 것 같은, 지은 지 100년 이상 된 일본의 전통 가옥. 드르륵하고 미닫이문을 무심코 열어보고 싶어지는 정겨운 모습입니다. 툇마루는 새로 만들었습니다.

하쿠라쿠 베이글
건물 일부를 개조한 구조라서 언뜻 놓치기 쉽지만, 파랗게 칠한 창틀과 문틀, 바깥쪽에 적어둔 상품 목록을 통해 가게임을 어필합니다.

시마이
가게가 드문 국도변이지만 멀리서 봐도 눈에 띄는 깔끔한 흰색 건물. 눈에 띄는 간판은 걸어두지 않았지만, 커다란 창과 유리문 덕택에 들어가기 쉬운 분위기입니다.

미레이네
입구가 살짝 안쪽에 자리 잡고 있어서 외관을 화이트로 통일해 밝은 인상을 주고, 작은 일러스트를 군데군데 넣어서 들어오기 쉬운 분위기가 나도록 신경을 썼습니다.

HINT

개업을 위한
힌트 모음

― *Best Practice* ―

일본편

가게를 시작하려면 수많은 구체적인 작업이 필요합니다.
돈과 숫자, 허가신청 등 즐거운 일만 있는 것은 아니지만, 가게를 시작하려면 중요한 일들.
지금부터는 기본적인 지식을 알려 드리겠습니다.
창업 후 곤란한 일이 생겼을 때도 초심으로 돌아가서 이점을 점검해보길 바랍니다.

감수 · 기시모토 타쿠야(岸本拓也)

1 가게 만들기에서 가장 중요한 것

가게를 시작하고 싶다.
막연한 꿈을 실현하기 위해
중요하게 여겨야 할 일들을 알려드립니다.

가장 중요한 건 가게의 기둥이 되는 콘셉트 만들기

작은 가게이니까 가능한 것은?

이제부터 가게를 시작할 때 우선 가장 먼저 생각해야 할 것은 어떤 가게를 할 지입니다. 오래도록 가게를 유지하려면 콘셉트를 구체적으로 이미지로 만드는 일이 중요합니다. 이때 기억해야 할 점은 작은 가게이니까 가능한, 당신만의 특색을 살리는 것입니다. 유행을 좇아 가게를 만들면 잠깐은 잘 될지도 모르지만 유행이 끝나면 다시 다른 유행을 좇아야만 합니다. 기업이라면 그게 가능하지만 작은 가게는 오래도록 사랑해줄 손님을 만드는 일이 무엇보다도 중요합니다. 이를 위해 본인이 잘하는 분야를 살린 가게에 대해 생각해봅시다.

가게의 장점을 생각한다

뭐가 장점이고, 가게의 차별화 포인트는 뭐가 될지를 생각하려면 이제까지의 경험과 자신의 취향을 재고 조사해야 합니다.
자신의 장점을 모르겠다면 시식용 상품을 만들어 많은 사람들에게 시식하게 해서 주위 사람들에게 의견을 구하는 것이 좋습니다. 가족과 친구만이 아니라 과자나 빵을 좋아하고 조예가 깊은 사람에게 솔직한 의견을 물어보는 것도 공부가 됩니다. 이 밖에도 식품이나 수제품 관련 이벤트에 출점하는 방법도 추천합니다. 다양한 기호를 가진 사람과 만날 수 있어서 상품에 대한 의견을 얻고 객관적으로 수요를 계산할 기회가 되기도 합니다.

창업에 필요한 4가지 능력

창업을 하려면 빵과 과자를 '만드는' 능력뿐만 아니라 가게를 '알리고' '팔고' '관리하는' 4가지 능력이 필요합니다. 빵을 만드는 일에는 자신 있는 사람이라도 이를 알리고 매출 관리를 못한다면 경영을 계속할 수 없습니다. 제조 외길만 걸어온 사람은 독학으로 공부하거나 신뢰할 수 있는 파트너에게 관리와 판매를 맡기는 등 방법을 강구해야 합니다.

Best Practices

가게 만들기의 네 가지 균형

가게를 만들려면 4가지 능력의 균형이 필요합니다.
어느 하나라도 부족하면 가게를 오래 지속하기는 어려워집니다.

1 만들기

과자와 빵을 줄곧 만들어온 학교나 가게에서 연수를 한 사람은 그 부분에 자신이 있을 것입니다. 다만 그 자신감이 자기만족에 그치지 않도록 본인이 만든 상품을 객관적으로 보도록 합시다.

할 수 있는 일
- 주위에 시식을 부탁해 의견을 듣는다.
- 최근 인기 있는 가게의 경향을 조사한다.

2 알리기

좋은 상품을 파는 가게를 만들어도 아무도 알아주지 않는다면 매출로 이어지지 않습니다. 작은 가게를 시작할 경우 반드시 입지조건이 좋을 수는 없으므로 손님에게 알리는 노력이 필요합니다.

할 수 있는 일
- 인근에 전단을 돌린다.
- SNS를 잘 활용해 홍보한다.

3 팔기

작은 가게는 제조도 접객도 해야만 합니다. 접객은 상품을 만드는 것과 비슷할 정도로 중요합니다. 접객 경험이 있는 사람이라면 좋겠지만, 자신이 없다면 직원을 고용해 도움을 받는 것도 좋습니다.

할 수 있는 일
- 부탁할 사람을 찾아두면 안심
- 가오픈해서 동선 확인

4 관리하기

하루 매출, 매월 수입과 지출 등 경리는 물론이고, 사업교섭이나 본인의 노동시간·조건을 조정하는 것도 관리입니다. 경리에 관해서는 요즘 편리한 회계 프로그램도 나와 있으므로 잘 활용하도록 합시다.

할 수 있는 일
- 단지 물건을 파는 데 그치지 않고 '이익을 내야함'을 의식한다.

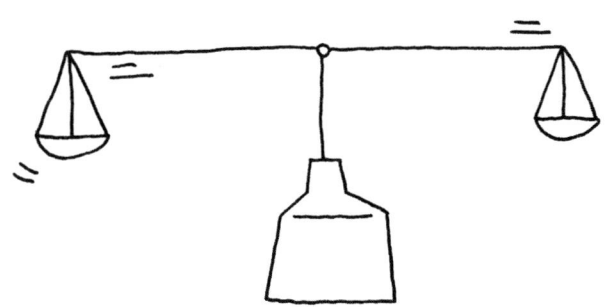

Best Practices

2. 개업까지의 일정

가게 만들기는 건물 고르기와 시공뿐만 아니라
융자를 받거나 메뉴를 만드는 등 할 일이 무척 많습니다.
절차와 방법을 잘 생각해 진행하도록 합니다.

창업부터 오픈까지의 흐름을 파악한다

오픈까지 1년을 예상

창업을 결정하고 실제로 오픈까지는 대략 1년의 기간을 보고 계획을 세우는 것이 좋습니다. 우선은 가게의 이미지를 확실히 정하고 구체적인 콘셉트를 만듭니다. 다음으로 중요한 것이 창업자금. 창업을 위해 미리 저축을 해 두면 대출 없이 시작할 수 있습니다. 그리고 저금으로 부족하다면 융자를 받는 방법도 있습니다. 대출을 받고 싶지 않다면 자택을 개조해서 창업하는 등 적은 예산으로 창업할 수 있는 장소를 찾아야 합니다. 그 다음에 가게를 낼 지역을 정합니다. 이미 콘셉트를 명확하게 정

가게 만들기까지의 흐름

 →  →

01 유행하는 가게나 다른 가게를 조사한다

지금 어떤 가게가 주목받는지, 어떤 상품이 잘 나가는지를 조사합시다. 접객 스타일이나 손님의 반응, 비품 등 세세한 부분도 참고가 됩니다.

02 가게의 콘셉트를 명확하게 정한다

가게 만들기의 기본 콘셉트를 명확하게 정합시다. 어떤 손님에게 어떤 상품을 판매할 것인가 등 상품과 고객층을 구체적으로 생각해보고 가게를 구상하도록 합니다.

03 가게를 낼 지역을 정하고 건물을 구한다

가게를 낼 지역을 좁힌 후에 건물을 알아봅니다. 이상적인 건물을 바로 발견하지 못하는 경우라면 몇 개월 단위로 시간이 소요됩니다. 느긋하게 기다릴지, 지역을 넓힐지를 생각해봅시다.

04 자금계획을 세운다

건물 구하기와 병행해서 자금운용계획을 세웁니다. 창업자금은 '기자재', '내·외관 인테리어', '월세(보증금)', '운영비'로 나뉩니다. 자금을 빌린다면 사업계획서를 만드는 등의 준비가 필요합니다.

했다면 자신의 상품을 사줄 사람이 있을법한 동네를 찾습니다. 이런 동네에서 이런 가게를 하고 싶다는 구체적인 이미지가 있다면 이를 중요하게 여기도록 합시다. 우선은 차나 지하철로 근교 동네를 이리저리 돌아봅니다. 잘 모르는 곳보다는 동네에서 가깝거나 조금은 아는 곳이 낫습니다. 가게를 낼 장소 후보를 정했다면 내 가게의 구매층이 될 고객이 어느 정도 있는지도 파악하도록 합시다.

이제 메뉴 고안과 가격설정입니다. 가게의 콘셉트와 어울리는 메뉴와 기본적인 상품을 균형 있게 잘 갖추는 것이 기본입니다. 가격을 정할 때는 그 동네 사람들의 금전 감각을 고려합시다. 점포 디자인을 발주하고 가게가 완성되는 데에는 3개월 정도 보는 것이 적당합니다. 공사 중에는 주방 기기를 갖추고, 로고와 간판을 만드는 등 할 일이 무척 많습니다. 일부를 직접 만든다면 그 기간도 생각해야 합니다.

영업허가 절차는 미리 확인을

잊으면 안 되는 것이 영업허가입니다. 실제 검사는 건물이 완성되고 나서지만, 정작 그때 허가가 나지 않는 일이 없도록 설계단계에서 보건소에 상담하러 가고, 문제가 없는지 확인할 필요가 있습니다. 이 절차가 빠지면 문을 열 수 없으니 사전에 고려해서 확인합시다.

05 메뉴를 생각한다

메뉴에는 가게의 강점을 내세울 것. 거기에 과자가게라면 마들렌, 빵집이라면 식빵 등 인기 있는 기본 메뉴도 넣어서 폭을 넓히도록 합니다.

06 점포 공사에 착수한다

건물을 발견했다면 공사를 끝내고 오픈까지 3개월 정도를 봅니다. 내·외관 인테리어 공사는 물론이고, 건물에 따라서는 가스·전기·수도 공사가 필요합니다.

07 식자재와 비품을 조달한다

조리기구와 디스플레이용 비품을 갖추고, 식자재 사입처를 확보합니다. 식자재는 전문 도매상 이외에 로컬 푸드를 사용하거나 보기 드문 수입식품을 넣는다면 가게의 차별화를 꾀할 수 있습니다.

08 이제, 개업. 작업 확인과 예행연습을

개점 전에 가게의 존재를 알리기 위해 전단을 나눠주거나 우편함에 넣는 등 홍보 활동을 합니다. 그리고 개점 당일에 혼잡하지 않도록 전날까지는 예행연습을 하면 좋습니다.

3 가게 이미지를 확고히 한다

가게를 시작할 때 중요한 콘셉트
콘셉트와 타깃을 확실히 정한다면 메뉴나
입지도 저절로 결정될 것입니다.

애매하게 그렸던 꿈을 구체적인 형태로 만든다

일단은 콘셉트를 명확하게 정한다

가게를 시작하는데 가장 중요한 것이 콘셉트 만들기입니다. 콘셉트가 애매하면 메뉴나 인테리어에 일관성이 없는 가게가 되어서 찾아온 손님에게 '무슨 가게인지 잘 모르겠다', '뭐가 추천상품인지, 어느 걸 사야할 지 모르겠다'는 말을 듣게 됩니다. 콘셉트는 가게를 계속 하다 보면 서서히 변해가는 경우도 있지만, 처음에 제대로 정하는 것이 가장 중요합니다.

타깃을 구체적으로 생각한다.

이를 고려한 후에 다음으로 타깃을 생각합니다. 어떤 사람이 먹길 바라는지, 어떤 사람이 가게의 상품을 좋아할지를 확실하게 생각해봅니다. 타깃을 구체적으로 상상해보면 저절로 가게를 낼 지역과 가게의 형태 등도 보입니다. 그리고 그 사람들이 어느 요일이나 시간대에 사러 올 것인가, 얼마 정도 하는 단가의 상품을 사 줄 것인가 등 시장조사도 합니다. '아이를 데리고 오는 부모가 타깃인데 부담스러운 가격대', '남성을 타깃으로 했는데 남자 손님이 들어오기 힘든 가게 분위기' 등 부조화를 피합니다.

또한, 그 과정에서 다른 가게를 둘러보는 것도 중요합니다. 동종업계의 인기 가게는 물론이고, 다른 업종에서도 비슷한 타깃을 대상으로 하는 가게를 살펴보면 콘셉트를 세울 때 힌트가 됩니다.

유의해야 할 3가지

먹거리를 제공하는 가게가 유의해야 할 3가지 요소가 있습니다. 바로 '안전'하고, '건강'에 좋고, '맛있을' 것입니다. 당연한 이야기지만 먹거리 안전은 손님의 건강과 직결됩니다. 작은 가게라면 원재료는 오너가 일일이 먹어보고 엄선해야 합니다. 원산지와 안전성에 관해서는 언제든지 대답할 수 있도록 합시다.

중요시할 3가지

안전

안심하고 상품을 살 수 있도록 안전성에 대한 배려는 필수입니다. 먹거리의 원산지를 명확히 밝히고, 알레르기 표시를 하는 것이 좋습니다. 그리고 알아보기 쉽게 가격표에 기재하는 것도 ◎.

맛

'안전', '건강'과 균형을 이루도록 맛있게 만드는 일이 무엇보다도 중요합니다. 또한, 상품을 맛있게 먹을 수 있는 포인트를 확실하게 전달하는 등의 배려도 손님이 좋아합니다.

건강

먹거리에 깐깐한 사람이나 다이어트 중인 사람 등 건강을 신경 쓰며 먹거리를 고르는 사람이 늘고 있습니다. 열량을 낮추거나 건강과 환경에 좋은 재료를 사용하도록 합시다.

콘셉트 생각하기

일단은 아래 항목을 위부터 순서대로 채워봅시다.
가게를 시작한 후에도 처음의 콘셉트에서 벗어나지는 않았는지 확인할 수 있습니다.

| 어떤 가게를 하고 싶은가 |
| 어떤 가게로 만들고 싶은가 |
| 가게의 차별화는 무엇으로 할 것인가 |
| 손님은 어떤 사람인가(나이, 성별, 직업) |
| 언제 어디서 가게를 열 것인가 |
| 영업시간과 영업일은 언제인가 |
| 누구와 영업을 해나갈 것인가 |
| 상품의 가격대는 어느 정도로 할 것인가 |
| 하루 매출, 한 달 매출 |

# 개업에 필요한 자금

꿈꾸던 가게를 실현하기 위해서는
돈이 얼마나 필요할까요?
창업자금과 운전자금을 냉정하게 계산해봅시다.

가게 창업자금은 일반적으로 500~1,000만 엔 정도 필요

창업자금을 계산하자
실제로 점포를 내고 가게를 시작하려면 많은 자금이 필요합니다. 일반적으로 최저 500만 엔, 비품과 인테리어에 돈을 들여서 영업 후의 운전자금도 제대로 고려한다면 1,000만 엔 정도의 돈이 필요합니다.

1. 점포취득비
월세, 보증금 외에도 부동산 중개 수수료가 듭니다. 월세 시세는 다양하지만 어림잡아 최소 50만 엔 정도를 예상하면 됩니다. 월세를 줄이려면 자택에서 창업하는 방법도 있습니다.

2. 인테리어비
권리금이 있는 가게로, 이전 가게의 설비를 그대로 넘겨받아 사용하거나, 인테리어는 모두 직접 한다면 저렴하게 할 수 있습니다. 잊기 쉬운 설비공사비는 주방에 필요한 가스나 전기 용량이 부족할 때 필요합니다. 이 모두를 합쳐서 250~300만 엔 정도로 보면 넉넉합니다.

3. 주방기기비, 집기·비품비, 사입비
주방기기비는 제조할 상품에 따라 제각각이지만, 빵가게의 경우 최저 250~500만 엔 정도로 가격차는 중고인지 신품인지에 따라 다릅니다. 단, 중고라면 고장 난 경우 수리비와 유지비가 따로 더 든다는 점을 고려해야 합니다. 집기와 비품은 계산대와 전화 외에도 포장재 등의 소모품도 있으니 50만 엔 정도로 예상합시다. 사입비는 매월 들어갑니다.

4. 광고선전비
작은 가게의 경우, 광고선전비를 들이지 않고 오픈하는 경우가 많은데, 그래도 가게 명함과 전단지는 만드는 것이 좋습니다.

5. 운전자금
처음에는 생각처럼 매출이 오르지 않는 것이 보통입니다. 그때는 운전자금을 사용해 사입도 하고, 월세·광열비를 냅니다. 큰 이익 없이 3개월 정도 가게를 유지할 자금을 확보해두면 안심할 수 있습니다.

창업자금을 계산합시다

원하는 조건을 예상해서 우선 계산해봅니다.

– 점포취득비

보증금	_____ 원
부동산 중개 수수료	_____ 원
월세	_____ 원
기타	_____ 원
소계	_____ 원

– 인테리어비

인테리어공사비	_____ 원
시설공사비	_____ 원
기타	_____ 원
소계	_____ 원

– 주방기기비

냉장고	_____ 원
오븐	_____ 원
싱크대	_____ 원
기타	_____ 원
소계	_____ 원

– 집기 · 비품비

계산대	_____ 원
전화, 팩스	_____ 원
집기, 가구	_____ 원
공조기기	_____ 원
음향설비	_____ 원
사무용 소모품	_____ 원
포장재	_____ 원
식기, 조리기구	_____ 원
기타	_____ 원
소계	_____ 원

– 광고선전비

로고 제작비	_____ 원
전단지 제작비	_____ 원
기타	_____ 원
소계	_____ 원

– 운전자금

월세	_____ 원
광열비	_____ 원
기타	_____ 원
소계	_____ 원

– 사입비

식자재	_____ 원
기타	_____ 원
소계	_____ 원

합계 _____ 원

5 자금조달 방법

자비가 넉넉한 사람은 상관없지만
그렇지 않다면 융자를 검토해봅시다.
유리한 금리로 빌린다면 경영이 안정됩니다.

융자를 받을 수 있는 장소와 절차 관련 사항

융자를 받을 때도 본인 자금은 필요

창업자금 중 부족한 금액은 융자를 받는다는 선택지도 있습니다. 이 경우라도 본인 자금이 어느 정도 필요합니다. 왜냐하면, 융자의 조건 금액은 '본인 자금의 3배까지' 등 규정이 있는 경우가 많기 때문입니다. 창업을 하려면 우선은 자금을 모읍시다.

일단 일본정책금융공고와 상담한다

융자를 받을 경우 이용하기 쉬운 곳이 일본정책금융공고로 창업을 지원하는 역할을 맡아 융자를 해주는 공적기관입니다. 금리는 제도에 따라 다르지만 무담보·무보증으로 빌릴 수 있는 융자도 있습니다. 식품소매업 대상 '식품대부', 새로 사업을 시작하는 사람으로 본인 자금 요건을 충족한다면 빌릴 수 있는 '신창업융자제도', 여성 또는 30세 미만이나 55세 이상 대상 '여성, 청년/시니어 기업가 지원자금' 등이 있습니다.

이러한 융자제도는 모두 자금 융통이 어려울 때, 변제를 유예해주는 '거치기간'이 6개월~2년 정도라 신규창업자에게 무척 고마운 제도입니다.

단지 이러한 융자제도를 신청하더라도 실제로 융자가 나오는 비율은 10~20% 정도라고 합니다. 심사를 통과하려면 '앞으로 이익이 올라서 변제능력 있음'을 직접 증명해야만 하기 때문입니다.

그리고 융자를 받기 위해서는 '창업계획서'가 필요합니다. 과자점이나 빵가게에서의 근무경험 등의 '사업에 대한 경험', 다른 가게와 비교했을 때 뛰어나다고 할 수 있는 '차별화 포인트', 수입과 지출에 대한 예상 등의 '사업 전망'을 넣어서 작성합니다. 이를 토대로 면담 시 담당자가 질문을 합니다. 때로는 매서운 질문이 날아올 수도 있지만, 이러한 지적이 가게에는 플러스 요인이 되기도 합니다.

어떤 융자제도가 적합한지, 혹은 '창업계획서'를 어떻게 써야할 지를 모르겠다면 각 지자체의 지점을 방문해 어떠한 준비를 해야 할 지 상담합시다. 이때, 한 번만 방문해서 끝날 수 있도록 미리 상담내용을 정리해두면 좋습니다.

융자신청의 흐름

① **가장 가까운 지점에서 상담하기**
사전에 전화하거나, 지점 창구로 찾아간다. 어떤 융자제도가 적합한지 심사에 필요한 사항 등을 물어보면 좋다.

③ **면담과 심사**
얼마 후 창업계획서를 토대로 사업내용에 대한 세부사항을 확인하는 면담을 한다. 질문에는 자신 있게 대답한다.

② **융자를 신청한다**
창업계획서와 대출신청서 등 필요서류를 준비해 융자를 신청한다. 담보를 잡을 때는 등기부등본 등도 필요하다.

④ **융자 결정**
심사를 통과하면 필요한 서류를 받고 계약 절차를 밟는다. 원칙적으로 변제는 월부납입.

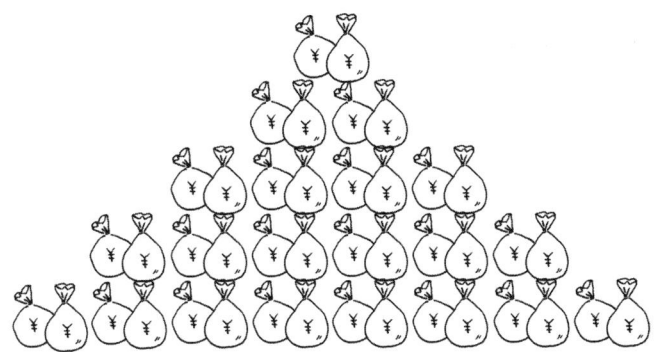

Info. 현명한 자금조달방법

일본정책금융공고에서 빌린다

과자점이나 빵가게를 시작할 경우, 식품소매업자, 신규사업자, 여성이나 청년 등을 위한 융자제도가 일반적입니다. 융자금액은 7,200만 엔 이내(그중 운전자금 4,800만 엔 이내로 정해진 것도 있다)로, 금리는 기본적으로 낮고 담보나 보증인이 필요 없는 제도도 있습니다. 심사는 엄격하므로 확실히 준비합시다.

각 지자체의 제도융자를 이용한다

각 시도별 지차체가 중소기업을 지원하기 위해 독자적으로 실시하는 제도융자가 있어서 민간 금융기관보다 저금리인 융자도 있습니다. 지자체별로 세부조항은 다르지만 '창업융자'는 앞으로 창업할 사람을 위한 제도입니다. 단, 심사가 여러 차례 이루어지므로 시간과 그만큼의 노력이 듭니다.

개업에 필요한 절차

음식점을 시작할 때는 반드시 보건소의 허가를 받고 영업해야 합니다.
건물의 구조와도 관련이 있으므로 미리 조사합시다.

개업 전에 해야만 하는 절차

보건소에서 영업허가 신청

식품과 관련된 가게를 시작하려면 식품위생법과 각 지자체의 조례로 정해진 영업허가를 취득해야 합니다. 개업 전에 가게의 주소지 관할 보건소에 영업허가 신청을 하고 지자체가 정한 영업허가기준을 충족해야 합니다.

영업허가에도 종류가 있어서 과자나 빵을 구워서 팔 경우는 과자 제조업의 영업허가가 필요합니다. 게다가 가니시빵이나 샌드위치 판매, 먹고 갈 수 있는 공간을 설치할 경우는 음식점 영업허가도 필요합니다. 과자제조업의 영업허가와 음식점 영업허가는 시설 기준이 서로 다른 경우가 있으므로 주의합시다. 지자체에 따라 세부 규정이 다를 수 있으므로 건물을 빌리고 공사에 들어가기 전에 가게의 설계도를 들고 보건소 식품위생 담당자와 상담하는 것이 좋습니다. 향후 먹고 갈 수 있는 코너를 만들고자 한다면 이 역시 포함해서 상담합시다.

지자체에 따라 '화장실에 이중문이 필요', '주방 안에는 전용 세면대를 마련할 것' 등 세부 규정이 있는 경우도 있습니다. 공간이 여유롭지 않으면 나중에 추가하기 어려우므로 미리 규정을 조사하고 건물을 알아보면 좋습니다. 이전에도 음식 관련 가게였다면 기준을 이미 충족하는 경우가 많으므로 효율적입니다.

공사가 시작되면 완공예정일 10일 정도 전까지는 영업허가신청을 합니다. 완성 후에 보건소의 확인검사를 받고 합격하면 비로소 영업할 수 있습니다.

식품위생책임자 자격

또 한 가지 개업할 때 필요한 것이 '식품위생책임자' 자격입니다. 영양사, 조리사, 제과위생사 등의 자격을 가진 사람은 식품위생책임자가 될 수 있습니다. 자격이 없는 사람은 보건소에서 하루 강의를 듣고 간단한 시험에 합격하면 '식품위생책임자' 자격을 얻을 수 있습니다. 오픈 후에는 가게 내부 잘 보이는 장소에 '식품위생책임자' 자격증을 게시합니다.

전부 개업 전에 반드시 해 두어야 하는 절차이므로 사전에 조사해서 준비하도록 합시다.

○ 개업 전에 필요한 절차

보건소

[영업허가신청의 흐름]

1. 사전상담을 한다
   - 가게 착공 전에 도면을 지참하고 사전 상담할 것.
   - 물탱크나 우물물을 이용할 경우는 수질검사를 받을 것.

   ↓

2. 신청서류 제출
   - 필요서류를 공사 완공예정일 10일 정도 전까지 제출
   - 신청 시 검사일을 언제로 할지 상의한다.

   ↓

3. 시설완성 확인검사
   - 영업자 입회하에 검사
     시설기준에 적합하지 않으면 영업허가가 나오지 않는다.
     개선해서 후일 재검사를 받을 것.

   ↓

4. 허가서 교부
   - 시설기준을 통과했다면 허가증이 교부된다.
     허가서가 없으면 영업할 수 없는데 교부에는 수일
     소요되므로 개점일은 보건소에 확인할 것.

   ↓

5. 영업개시

[식품위생책임자 자격취득]

음식점 개업에 필요한 자격. 시설의 위생관리, 종업원에게 위생교육을 할 역할이 있다. 비용 1만 엔 정도로 강습을 받을 수 있다. 조리사, 영양사, 제과위생사 자격이 있다면 불필요.

○ 개업 후에 필요한 절차

세무서

[개업신고 신청]

개업 후 1개월 이내에 세무서에 '개인사업 개업·폐업 등 신고서(개업신고)'를 제출해야 한다. 그리고 청색신고를 할 경우, 개업 후 2개월 이내에 '청색신고승인신청서'를 제출해야 한다.

7 건물 구하기

가게가 성공할지 아닐지 여부에 중요한 요소인 건물 구하기.
개업 콘셉트와 딱 맞고, 많은 사람이 찾아와 줄 장소를 찾아봅시다.

유동인구가 많은 곳에서 조금 떨어진 곳을 노린다

매출을 좌우하는 입지선정

가게가 번창하려면 입지선정이 중요합니다. 역 앞이나 인기 상점가라면 자연히 사람이 많이 모입니다. 하지만 그런 곳은 월세나 보증금이 비싸서 자금도 많이 필요해 리스크가 있습니다. 번화가에서 떨어진 주택가라면 월세는 줄일 수 있습니다. 하지만 그만큼 가게를 알리려는 노력이 필요하니 광고선전비가 드는 경우가 있습니다. 추천하는 입지는 붐비는 곳에서 한 블록 떨어진 장소로 나름대로 유동인구가 있는 곳입니다. 손님 수를 예상해서 월세를 조금 줄일 수 있습니다. 지방이라면 신칸센(新幹線)이 다니고, 주차장이 있는 건물이 유리합니다. 주차장이 있으면 멀리서도 손님이 찾아올 수 있고, 한 번에 잔뜩 사가는 사람이 늘어나는 경향이 있습니다.

① 가게를 낼 지역을 정한다

가게 콘셉트를 정하고 그와 맞는 동네에 가게를 낼 것을 검토할 때, 그 동네에 어느 정도 사람이 사는지, 역 근처라면 승강객수, 경쟁 가게가 얼마나 잘 되는지도 조사합시다. 큰 아파트 단지가 포함되어 있어 인구가 많은 것으로 조사되어도 그곳 거주자와 고객층이 맞지 않는 경우도 있습니다.

② 건물을 알아본다

포인트는 '지역(가장 가까운 역)', '역에서 오는 길', '면적', '월세', '1층인가 2층 이상인가' 등입니다. 부동산에 가서 구체적인 희망 사항을 전달하면서 절대 포기할 수 없는 조건과 우선순위를 정합니다. 지역을 둘러보다 본인이 빈 건물을 발견하는 경우도 있습니다.

[이런 건물은 어렵다]

| 석양이 강하게 드는 가게(위생관리가 어렵다) |
| 2층에 있는 가게(알려지기 전에는 가게로 들어오기 힘들다) |

또한, 사무실이 밀집한 지역의 빵가게라면 샌드위치나 가니시빵이 잘 팔리고, 대학가 과자가게라면 젊은 층이 좋아하는 과자가 잘 팔리는 등 팔리는 상품의 경향은 달라집니다. 본인의 가게 콘셉트와 맞는지 검토가 필요합니다.

건물은 10평 이내는 소규모, 10~20평은 중규모, 30평 이상이 대규모점으로 분류합니다. 넓은 가게라면 여유롭게 공간을 사용할 수 있어 좋지만 그 대신 상품의 종류와 가짓수가 많지 않으면 '상품이 적어 휑한 가게'라는 인상을 주어서 손님의 구매욕이 떨어집니다. 본인의 체력과 제조비용을 고려해 가게 규모를 정합시다.

과자가게나 빵가게의 월세는 매출의 5~10%정도가 적정하다고 합니다. 다만 앞서 말했듯 월세가 비싸면 매출 신장도 기대할 수 있습니다. 리스크가 있어도 많은 사람이 알고 찾아오는 가게를 지향하는지, 자신만의 방식대로 특색 있는 가게로 만들지는 스스로 정해야 합니다.

마케팅으로 타깃을 정한다

가게를 낼 지역이 정해졌다면 구체적으로 마케팅을 합니다. 그 지역의 인구는 어느 정도인지, 경쟁할 가게는 얼마나 있는지를 조사합시다. 인구는 시청 홈페이지의 지역별 자료와 주민기본대장의 세대수 등을 통해 대략 짐작할 수 있습니다. 경쟁 가게 앞에 하루정도 서서 방문객수와 객단가, 고객층 등을 조사해보는 방법도 좋습니다.

③ 건물 견학

점검사항은 '가스, 전기 용량', '권리금이 있는 경우, 설비·비품의 상태' 등입니다. 권리금이 있는 건물은 금방 개점하기 쉽다는 장점은 있지만 권리금이 비싸고 수리비와 철거비가 가외로 드는 경우도 있습니다. 전기 등의 공사가 필요한 경우라면 건물주에게 공사에 관한 제약이 있는지 없는지 확인할 필요가 있습니다.

④ 상권조사

'인구와 세대수 자료' '통행량 조사' '경쟁 가게의 상황'을 조사합니다. 그리고 빵가게라면 '시도별 빵 소비량' 등의 자료를 참고할 수 있습니다. 통행량 조사는 시간대와 요일을 바꿔가며 하면 좋습니다. 인구수뿐만 아니라 나이, 성별, 어떤 직업군이 많이 다니는 동네인지 알아두면 가게의 타깃이 구체적으로 보일 것입니다.

8 설비와 시행에 관해서

설계와 시공은 업자에게 맡기는 경우가 일반적입니다.
세세한 이미지를 전달할 필요가 있습니다.

판매형식에 맞춘 최적의 배치를 찾아서

일단은 판매형식을 정한다

가게 설계에 돌입하기 전에 어떤 형식으로 상품을 판매할지 생각해봅시다. 크게 나눠서 손님이 자유롭게 고를 수 있는 '셀프방식'과 카운터에서 손님이 고르게 하는 '대면판매방식'으로 분류됩니다. 셀프방식은 매장 면적이 나름 필요하므로 판매 공간과 주방 면적이 바뀝니다. 건물 도면을 보면서 오븐과 작업대 등 큰 기자재나 쇼 케이스의 배치를 생각해보고 가게 안의 모습과 상품 진열방식을 시뮬레이션해봅시다.

· 점포 폭은 넓게 잡아서 개방감을 준다
· 들어와서 바로 보이는 곳에 주력제품을 둔다
· 시선보다 위쪽에 상품을 두지 않는다
· 계산대 주변에 포장재를 놓아둘 공간을 확보한다

위의 사항이 배치의 포인트입니다. 그리고 언젠가 매장에 먹고 갈 수 있는 공간을 만들고 싶다면 그 공간이 나올지 여부도 확인합시다. 주방은 냉장고, 믹서, 오븐 등을 작업 순서에 맞춰서 배치하고, 작업대는 각종 기기와 가깝도록 한가운데에 두는 것이 포인트입니다.

신뢰할 수 있는 업자를 선택하는 것이 핵심

인테리어는 가게의 이미지를 크게 좌우합니다. 점포 디자인과 공사는 음식점, 특히 빵가게나 과자가게를 시공한 경험이 있는 업자를 고르는 것이 좋습니다.

업자와 협의할 때는 설계·시공에 쓸 예산을 확실히 언급합니다. 예산을 초과할 경우 어떻게 예산을 줄일지 상담합니다. 이때, 필요한 설비기기, 전압과 배관, 배선도 함께 확인합시다. 간단한 배치도나 인테리어 이미지 사진을 사전에 준비하면 원활하게 이야기가 진행됩니다. 공사비용을 줄이고 싶다면 바닥이나 벽의 도장, 선반 제작 등을 직접 하는 DIY에 도전합시다. 자세한 이미지를 실현할 수 있고 가족과 친구를 모으면 효율적으로 작업할 수 있습니다. 단, 완성도가 떨어지거나 DIY에 집착하다 오픈이 늦어져서 추가로 월세가 발생하는 경우도 있으니 주의합시다.

또한, 해체공사나 설비 기기 설치는 전문가에게 맡겨야 안심할 수 있습니다.

작은 가게의 배치 포인트

작은 가게만의 장점을 살리려면 몇 가지 배치에 관한 포인트가 있습니다.
이를 미리 생각해서 콘셉트와 어울리는 인테리어를 합니다.

판매방식인가 대면방식인가

10평 정도의 가게는 카운터 안쪽 직원이 주문한 상품을 내는 '대면판매방식'인 경우가 많습니다. 특히 쇼 케이스가 도로 쪽에 접해있다면 지나가다 상품을 볼 수 있으므로 처음 오는 손님도 구매하기 쉽고, 공간절약도 가능하므로 추천합니다.

주방 칸막이는?

가게 내부에서 주방이 보이지 않는 배치도 있지만, 최근에는 주방에 칸막이를 없애거나 투명하게 하는 가게도 늘고 있습니다. '직접 만들어 안심'할 수 있도록 공간을 개방형으로 할 수 있습니다. 단, 주방 인테리어와 청결. 물건배치에는 배려가 필요합니다.

먹고 갈 공간 설치

그 자리에서 과자와 빵을 먹고 갈 수 있는 공간을 마련하고 싶다면 그 공간이 나올지 어떨지 확인합시다. 이 경우, 음식점 영업허가증이 필요하므로 조건을 충족하는지도 고려해 건물을 구하도록 합니다.

인테리어 업자와 협의

대략적인 설계안과 동시에 어떤 가게로 하고 싶은지 이미지를 전달할 필요가 있습니다. 과자가게나 빵가게에 국한하지 않고 음식점, 잡화점도 상관없으니 원하는 분위기에 가까운 가게의 사진을 미리 저장해두고 사용하고 싶은 소재를 찾아두면 좋습니다.

9. 사입처 찾기

재료 사입은 가게에서 가장 중요한 상품과 관련된 일입니다. 확실히 고집할 부분은 고집하면서도 가격대와의 균형을 고려해 선택하는 자세가 중요합니다.

업자를 고르기 전에 샘플을 받아서 상품 확인을

납득할 수 있는 사입을 하기 위해서

과자나 빵을 만들려면 밀가루와 달걀, 우유 등의 식자재가 늘 필요합니다. 이렇게 사용량이 많은 것은 전문 사입업자와 계약해서 가게로 배송 받는 경우가 일반적입니다.

주재료는 옆 페이지 상단과 같습니다. 맛있는 과자와 빵을 만들기 위해 식자재는 까다롭게 고르고 싶다고는 누구나 생각합니다. 하지만 고급 재료가 반드시 내가 만드는 상품과 어울린다고는 한정 지을 수 없습니다. 그리고 일상적으로 살 수 있는 정도로 가격설정을 하려면 너무 비싼 식자재는 사용하기 어렵기도 합니다. 안정된 맛의 빵과 과자를 제공하는 것, 가격과 균형을 이루는 것이 필요합니다.

과자가게나 빵가게에서 연수 경험이 있다면 근무했던 가게의 거래처에 상담해보는 것이 가장 확실합니다. 연줄이 없다면 인터넷으로 조사는 물론, 빵과 케이크 전문지에 광고를 내는 회사를 조사하고, 제빵박람회나 푸드쇼 등에 가서 정보를 수집합시다. 그리고 이미 개업한 사람에게 업자에 대한 입소문 등을 얻는 방법도 있습니다.

관심이 가는 상품이 있다면 평판이 좋아도 내 상품과는 맞지 않을 가능성도 있으니 일단 샘플을 받아서 테스트 상품을 만들어봅시다. 이때, 여러 군데에서 견적을 내보는 것도 좋습니다. 좋은 조건과 사입 업자의 분위기를 알 수 있습니다. 단, 개인 가게는 사입하는 양이 적으므로 큰 가게에 비해 업자와의 거래가 불리한 경우도 있습니다. 개인 가게와의 거래를 소중하게 여기는 곳을 찾도록 합니다. 사입 업자와는 오래도록 관계를 맺게 되므로 확실히 교섭해서 서로 납득할 수 있는 계약을 맺는 것이 중요합니다.

개인 가게임을 활용한 사입

로컬 푸드나 생산량이 적지만 포기할 수 없는 식자재를 사용하는 것도 제조량이 한정적인 개인 가게의 강점입니다. 그런 식자재는 생산자나 제조원과 직접 교섭해서 어떤 상품을 생각하는지 열의를 갖고 설명한다면 소량이라도 도매로 받을 가능성이 있습니다.

사입이 필요한 기본소재

 밀가루
 달걀
 우유
 설탕
 물·소금
 과일·채소

사입의 기본

업자를 선정

원하는 상품을 찾았다면 한 상품에 대해 5~10여 곳 사입 업자 후보를 찾습니다. 인터넷과 전화로 상품이나 사입 정보를 문의해 조사합시다.

(Point) 견적을 받아본다

반드시 복수의 사업자에게 견적을 받는 것이 중요합니다. 상품단가, 사입수량, 사입횟수, 시가를 알 수 있습니다. 업자 평판도 중요하므로 동종업계의 입소문도 참고하면 좋습니다.

샘플 체크

관심이 가는 상품의 샘플을 업자에게 받아봅니다. 실제로 사용해 상품을 만들어봅시다. 납득할 수 없다면 타협하지 않고 처음부터 다시 고릅니다.

교섭을 한다

업자를 압축했다면 단가, 수량, 배송희망일, 반품대응, 지불방법 등 상세한 희망을 전달하고 교섭합시다. 가격을 낮추려면 대량으로 발주해서 사입횟수를 줄이는 등 궁리가 필요한 경우가 있습니다. 배송일 변경이나 반품 등에도 제대로 대응해주는 업자가 바람직합니다.

10 가격 정하는 방법

상품에 걸맞은 가격을 정하는 것이 중요합니다.
우선은 재료비인 원가를 계산하고,
거기서 시세를 고려해 가격을 설정합니다.

원가율은 가게 전체의 상품가격을 평균 내서 30% 정도로 설정

적정한 가격 설정이 중요

가격을 정하는 일은 가게를 시작할 때 매우 중요한 작업입니다. 이익을 올리기 위해 단가를 높게 책정하면 손님이 찾지 않을 수도 있고, 좋은 소재를 사용해 저렴하게 팔아서는 계속 경영할 수 없습니다.

일반적으로 음식점의 경우, 원가율(가격에 대한 재료비의 비율)은 30~40%가 적정하다고 말합니다. 하지만 상품의 원가율을 모두 이 범위로 잡을 필요는 없습니다. 제철 과일 등을 사용한 원가율이 높은 상품이 있는 한편, 필요 최소한의 재료로 만든 상품도 있으므로 합쳐서 30% 정도가 될 수 있도록 유의합시다. 그렇게 하면 이익이 확실히 확보됩니다.

가격을 매길 때 대략의 금액으로 계산해 주먹구구식이 되지 않도록 주의하세요. 상품 전체를 파악하면서 제대로 원가율을 계산하는 것이 중요합니다.

이 기본사항을 고려해 어떤 가게로 하고 싶은지 다시 한 번 생각해봅시다. 동네 주민이 매일 들르는, 쉽게 살 수 있는 빵가게라면 가격은 저렴하게, 반대로 고급소재를 사용하고 만드는 방법도 품을 들인 과자로 '이곳에서만 살 수 있다'고 손님이 납득할 수 있는 상품이라면 다소 가격이 비싸더라도 구입합니다.

또한, 타깃에 걸맞은 가격대인지, 이 정도의 상품이라면 시세는 어느 정도가 타당한지, 비싸도 수요가 있는 상품인지를 고려해야 합니다.

매출목표를 설정한다.

가격을 정했다면 그에 따른 매출목표도 함께 설정합시다. 수입은 '1일 매출×영업일 수'입니다. 매출이 1일 4만 엔으로 영업일이 20일간이라면 수입은 1개월 80만 엔입니다. 여기서 재료비, 월세, 광열비, 포장재, 대출 변제를 빼고 본인의 월급도 30%정도 빼고 남은 금액이 이익이 됩니다. 이익이 30% 정도 난다면 합격선입니다.

매출목표 잡기

이익은 1개월 매상의 30% 정도를 내는 것을 목표로 설정합니다.
혼자 하는 가게라면 하루 매출은 4~5만 엔 정도부터 시작합시다.

① 수입을 계산한다   우선은 수입에 해당하는 한 달 매출을 계산합니다

[하루 매출]   상품 평균가격 × 매출 개수
[한 달 매출]   하루 매출 × 영업일 수   수입합계 _____ 원①

② 지출을 계산한다

가게를 지속하려면 들어가는 필요경비를 계산합니다. ( ) 안의 숫자는 수입합계 ①에 대한 적당한 비율입니다.
* 혼자 가게를 경영할 경우의 적당한 인건비입니다.

재료비   _____원(30%)

인건비   _____원(25~30%)

월세   _____원(5~10%)

광열비   _____원(5%)

포장재   _____원(3%)

광고선전비   _____원(2.5%)

변제(대출인 경우) _____원

지출합계   _____원②

③ 이익을 계산한다

수입합계에서 지출합계를 뺀 금액이 이익입니다. 매상(수입합계①)의 30%정도가 나오도록 계산합시다. 어렵다면 지출금액의 어디를 줄이면 좋을지 다시 생각해봅니다.

수입합계 _____ 원① — 지출합계 _____ 원② = 이익 _____ 원③

11 접객과 서비스

작은 가게이기 때문에 접객은 매우 중요합니다.
어떤 접객과 서비스가 필요한지 손님 입장에서 생각해봅시다.

기본을 확실히 지키는지 확인을

맛있는 상품을 제공하는 일 만큼 중요한 것이 접객입니다. 작은 가게는 손님과의 거리도 가깝기에 사소한 일로도 가게 평판이 좌우되는 경우가 있습니다. 웃는 얼굴로 기분 좋게 손님을 대할 수 있도록 신경 씁시다. 그리고 동네 손님이 단골이 될 수 있도록 지역에 뿌리내린 가게를 만드는 것도 중요합니다. 가게 안은 청결한지, 진열과 가격은 알아보기 쉬운지, 상품에 대한 설명이 확실히 되었는지 우선은 기본적인 사항을 제대로 지키고 있는지 확인합니다. 이 밖에도 상품을 맛있게 먹을 수 있는 방법을 알려주고, 상품이 구워져 나오는 시간을 보드에 적어 안내하고, 가격표에 알레르기 표시를 하는 등 사소한 배려도 좋습니다. 늘 손님의 입장에서 어떤 서비스가 기분이 좋을지 객관적으로 생각합시다. 또한, 내가 어떤 가게에 갔을 때, 서비스가 좋았다면 이를 적극적으로 접객에 도입합니다.

12 직원에 관해서

가게의 얼굴이 되는 직원.
손님이 기분 좋게 쇼핑할 수 있도록 배려를 담아서

부탁할 사람을 미리 알아두면 안심

상품 제조와 접객을 동시에 하는 일이 힘들고 오픈 초기에는 일이 익숙하지 않기도 해서 허둥지둥할 가능성이 있습니다. 손님을 필요 이상으로 기다리게 만들어 문을 연 지 얼마 되지도 않아 가게 인상을 나쁘게 만들지도 모릅니다. 갓 개점해 경영도 불안하겠지만 바쁜 시간대만 아르바이트생을 쓰는 등 미리 대비해두면 안심할 수 있습니다. 일단 가족이나 친구, 지인의 도움을 받아 상황을 지켜보는 방법이 안전합니다. 이 경우, 웃는 얼굴로 인사하고, 오늘의 추천 상품을 알리고, 상품에 관한 질문에는 구체적으로 대답하는 등 기본 사항을 확인해야 합니다. 즉각 대답할 수 없는 질문이나 항의 등 주인이 부재할 때 어떻게 할지도 미리 정해두면 좋습니다. 채용방법은 친구·지인의 소개 외에 가게 앞에 구인광고를 붙이거나, 가게 전단에 직원 모집 공고를 넣는 등 다양합니다. 처음에는 되도록 동종 업계에서 접객경험이 있는 사람을 채용해야 원활합니다.

13 홍보에 관해서

일단은 가게의 존재를 알릴 것.
홍보의 중요성은 가게 주변의 인구 유동량에 따라 달라집니다.

간판이나 전단 배포 등으로 효과적인 홍보를

선전광고에 어느 정도 돈과 노력을 들일지는 그 가게의 입지와 환경에도 따릅니다. 유동인구가 많고, 쇼핑객이 많이 지나다니는 입지라면 눈을 끌 간판을 내어놓고 가게 앞에서 전단을 배부하는 것만으로도 충분합니다. 이전에 상점이 있었던 장소라면 공사 중일 때부터 무슨 가게가 생길지 궁금해 하는 사람도 있을 테니 'ㅇ월◇일에 △△△가게 오픈' 등의 포스터를 붙여두면 오픈하고 바로 가게를 보러 올지도 모릅니다. 음식점이 적은 장소나 뒷골목인 경우, 그곳에 가게가 있음을 알리는 일이 중요합니다. 가게임을 알 수 있는 외관이나 들어가지 않아도 분위기가 전달되는 간판으로 존재를 어필하도록 합니다. 그리고 가게에서 도보 15분 거리에 있는 곳에는 전단을 우편함에 넣어 배포하며 홍보합시다. 처음에는 상품 사진과 오너가 가게에 담은 마음을 간결한 문장으로 써서 어떤 가게인지 알아보기 쉽도록 합니다.

14 홈페이지와 SNS에 관해서

잘 이용해서 효과적으로 사용하고 싶은 SNS와 블로그, 홈페이지.
가게의 분위기를 근사하게 전할 수 있도록 연구를.

전하고자 하는 목적을 생각해 최적의 수단을 선택한다

점포정보를 알리기 위해 활용할 SNS나 블로그, 홈페이지. SNS나 블로그는 전문지식이 없어도 쉽게 시작할 수 있고, 간편하게 사진도 올릴 수 있어서 신상품 정보나 상품이 나오는 시간 알림, 이벤트 공지 등 실시간 정보를 전달하기에 적합합니다. 개점 준비 진행상황을 전달하는 것도 추천합니다. 한편, 홈페이지는 가게의 특징이나 상품 등 가게의 분위기를 알기 쉽게 정리할 수 있습니다. 특색 있는 상품의 정보를 올리면 조금 먼 곳에서 손님이 찾아오거나, 미디어의 눈에 들면 취재 의뢰가 오는 경우도 있을지 모릅니다.

다만 과자가게나 빵가게의 경우, 구매층은 동네 손님이 중심인 경우가 많습니다. 이 경우에는 인터넷보다도 가게 주변에서 하는 홍보가 효과적인 경우도 있습니다. 그리고 사람에 따라서는 블로그나 SNS 갱신에 너무 주력해서 영업은 뒷전이 되는 일도 있으니 주의합시다.

15 이벤트에 참여한다

사람들로 북적이는 플리마켓 등의 이벤트는 많은 사람을 만날 수 있는 장소입니다. 현명하게 활용해서 가게 만들기에 유용하게 씁시다.

가게를 가진 사람도 없는 사람도 장점이 가득

이벤트를 제대로 활용합시다

현재 전국 각지에서 수제품 관련 이벤트가 많이 열리고 있습니다. 실제 점포를 개업하기 전에 우선은 이벤트에서 판매를 경험하고, 반응을 본 다음 가게를 여는 사람도 많습니다. 이벤트는 많은 사람이 모이는 장소로 상품을 눈여겨보는 사람이 많아서 정기적으로 나간다면 팬을 늘리는 것도 가능합니다. 실제 점포를 운영하면서 이벤트에 참여하는 가게도 많습니다. 시식행사를 마련해 그 자리에서 의견을 들을 수 있기에 신상품 마케팅이나 가게의 방향성을 고려할 때 힌트를 얻을 수 있습니다. 처음 이벤트에 나간다면 행사장이나 방문객의 분위기를 파악하는 편이 낫기에 기본적이 있는 이벤트를 추천합니다. 그리고 빵가게나 과자가게뿐만 아니라 식자재 생산자나 음식점, 잡화점과 수공예 작가 등도 모이므로 다른 업종의 사람과 교류하는 계기가 되기도 합니다. 식자재를 사입하거나, 인테리어에 쓸 잡화를 사는 등 가게 입장에서 플러스가 되는

자극을 받을 수 있습니다.
단점으로는 진열할 수 있는 상품의 가짓수가 한정적이어서 더운 날이나 직사광선이 닿는 구획이라면 위생 면의 걱정이 있다는 점, 어떤 곳은 진열용 테이블도 지참해야 하는 등 부담이 크다는 점이 있습니다. 또한, 생물은 안 되는 등 이벤트마다 규제가 상이하므로 확인이 필요합니다.

이벤트 출점 시 유의할 점

점포를 가진 사람이 방문객이 많은 이벤트에 하루 참여하게 되면 가게를 하루 동안 영업하는 것보다도 많은 매출을 올릴 수 있을지도 모릅니다. 단, 이벤트는 주말에 열리는 경우가 많아서 손님이 많은 날에 가게를 쉬게 되면 남에게 부탁하고 참여하는 일도 생깁니다. 그 밖에도 이벤트용 상품을 따로 만들어야 해서 작업량이 늘어나기도 합니다. 정말 소중하게 여겨야 할 것은 동네 고객이기에 이벤트에 나가는 경우에는 균형적으로 생각하는 것이 중요합니다.

사전에 준비할 것

야외 이벤트는 준비할 것이 많습니다.
잊어버리는 물건 없이, 컨디션을 조절해 참여합시다.

이동용 카트	상품설명POP	계산기
운송용 상자와	포장재	잔돈
간판	상품진열용기나 바구니	가게명함
테이블클로스	돈을 주고받을 트레이	홍보지

이벤트에서는 통상 가게에 있는 비품을 지참해야 하는 경우도 있습니다. 차로 반입하면 괜찮지만 지하철을 이용하는 경우 카트나 수트케이스에 짐을 싸서 이동합니다. 그리고 줄곧 외부에 있어야 해서 더우나 추위 대책도 잊지 않도록 합니다.

가게를 알리기 위한 기회

모처럼 많은 사람이 모인 기회이므로
만남을 지속시키기 위한 노력을 합시다

이벤트에서는 동종업계 가게가 많이 모입니다. 발길을 멈추게 하기 위해서는 시식을 하면서 상품 설명을 하면 좋습니다. 그리고 이벤트는 가게 홍보의 장이므로 가게명함은 반드시 배부합니다. 이때, 상호와 URL, 주소만 적혀 있다면 어떤 가게였는지 알 수 없습니다. 상품 사진이나 상품 리스트, 간단한 콘셉트를 써 둔

다면 기억에 남겠지요. 다음 이벤트에도 참여할 예정이라면 날짜를 넣은 홍보지를 배포하는 등 단골이 늘어날 기회입니다.
이벤트 개최를 계기로 다른 가게에 과자를 위탁판매하거나, 이벤트에서의 상품 제공을 의뢰받는 등 새로운 만남이 탄생할 가능성도 있습니다.

16 인터넷쇼핑몰을 시작한다

실제 점포가 없는 대신
낮은 리스크로 시작할 수 있는 인터넷 쇼핑몰.
단, 사무 처리나 발송 등은 필요하다.

특색 있는 상품을 전국에 홍보할 수 있는 인터넷 쇼핑몰

특징을 내세울 수 있는 콘셉트 만들기가 열쇠

점포가 필요 없는 인터넷 쇼핑몰은 실제 점포를 만드는 것보다도 적은 자금으로 시작할 수 있고 전국에 있는 손님에게 판매할 수 있다는 것이 장점입니다. 한편 라이벌 가게도 전국에 있는 가게가 되므로 평범한 라인업으로는 묻히게 됩니다. 그리고 손님이 실물을 볼 수 없다는 점도 단점입니다.

그래서 인터넷 쇼핑몰의 콘셉트 만들기는 실제 점포가 있는 가게 이상으로 중요합니다. 인터넷 세상에서는 원하는 손님의 눈에 들면 OK. '당분이 적어서 다이어트 중인 사람도 먹을 수 있는 디저트', '완전 무농약 재료와 직접 만든 천연효모를 사용한 빵' 등 두드러진 개성을 내세우는 것이 성공의 지름길입니다.

그리고 손님이 직접 상품을 볼 수 없기 때문에 오히려 상품 사진이나 설명에는 신경을 쓰도록 합니다. 식자재나 만드는 방법에 대해서는 살짝 전문적인 내용도 섞어가며 알기 쉽게 기재한다면 손님의 신뢰로 이어집니다. 이를 위해 이해하기 쉽게 전달할 수 있는 문장력과 상품을 맛있어 보이게 하는 사진촬영 등의 기술이 요구됩니다. 다른 홈페이지나 잡지 등의 사진, 기사를 참고합시다.

운영할 때 주의할 점

실제 점포가 없는 인터넷 쇼핑몰은 운영시간에 구애받지 않으므로 언뜻 편하게 시작할 수 있어 보이지만, 실은 제조 이외의 사무작업이 무척 많습니다. 주문확인 메일은 자동으로 송신되는 서비스가 있지만, 수주 확인과 도착일 알림, 발송 완료 보고는 직접 보낸다면 손님이 안심할 수 있습니다.

과자나 빵은 주문 마감일과 발송일을 정해서 작업을 효율적으로 하는 경우가 많습니다. 포장, 발송 작업은 거의 온종일 걸리는 경우도 있으니 계획적으로 작업을 해나가도록 합니다. 그리고 인터넷 쇼핑몰이라도 실제 점포와 마찬가지로 '식품영업허가' 취득과 '식품위생책임자' 자격은 필요합니다. 자택 주방에서 제조를 할 수는 없습니다.

도메인과 URL 취득

인터넷 쇼핑몰을 내는 방법과 독자적인 도메인을 갖는 방법이 있습니다.

[쇼핑몰]

액세스 수를 늘리기 쉽고, 신뢰를 얻기 쉬운 방법이지만 가게 특색을 살리기 힘들고 운영비용이 드는 등의 단점이 있습니다. 초기등록비용이 6만 엔(소비세제외), 월 이용료가 1만 9,500엔(소비세제외), 시스템 사용료가 매출의 3.5~6.5% 등(라쿠텐 시장 '화이팅! 플랜'의 경우).

[독자 도메인]

자유로이 운영할 수 있어서 저비용이지만 인지도를 높이는 노력이 필요합니다. 인터넷쇼핑몰 운영 서비스나 렌탈 서버와 계약해 도메인을 취득합니다. 초기비용은 1만 엔 정도, 월 이용료는 몇 천 엔으로 주문처리비용이 듭니다.

발송방법을 고려한다

일본 우편을 포함해 여러 택배업체가 있는데 결제방법과 짐 크기의 구분은 저마다 다릅니다. 특히 비교해야 할 점은 아래와 같습니다.

요금
발송 가능 시간, 영업소의 편의성
시간 지정 가능 여부
파손과 손실 보증
신뢰성
냉장제품 대응 여부

통상요금보다 할인을 받기 위한 교섭이 가능합니다. 회사마다 연간 수백 개 이상의 대량 이용자의 발송에는 따로 요금할인 규정이 있습니다. 본인의 가게와 맞는 업자를 선택하도록 합니다.

결제방법

결제란 상품의 지불과 수취를 말합니다. 아래 항목 외에도 전자화폐나 전자결제나 우편송금, 편의점용 지불전표를 동봉하는 방법도 있습니다.

[신용카드 결제]

주문 시 이름, 카드번호, 유효기간을 입력하면 결제가 완료. 대금 미회수의 위험은 적지만 수수료는 가게 부담입니다.

[은행 입금]

점포 또는 주인 명의의 계좌로 입금을 받습니다. 입금은 손님이 수수료를 냅니다.

[대금인환]

택배업자가 상품 배달 시 대금을 회수하는 서비스. 대금상환수수료가 발생합니다.

법률상 필요한 표기

인터넷 쇼핑몰에서 반드시 표기해야 하는 '특정상거래법에 따른 표시'와 '개인정보보호정책'에 대하여 아래를 참고로 제대로 명기합시다.

[특정상거래법에 따른 표시]

거래관계를 공정하게 하고 구매자가 부당한 손해를 보지 않기 위해 정한다.

판매업자명	상품대금 이외의 요금
주소/전화번호	지불방법
대표자명	지불시기
판매가격	인도시기
배송비	반품 가능 여부와 조건

[개인정보보호정책]

쇼핑몰에서의 개인정보 취급을 기재
이용목적에 관하여
관리체제에 관하여
개인정보 개시에 관하여
개인정보 취급에 관한 문의 창구

17 가게를 오래 유지하려면

가게를 오픈했다고 끝나는 것이 아닙니다.
이제부터가 진짜 시작입니다.
오래도록 사랑받는 가게를 목표로 합시다.

시행착오를 거치며 첫 1년을 넘어서자

가게를 객관적으로 보자

가게를 개업하긴 했지만, 궤도에 오르지 않는 경우라면 상품을 재고할 필요가 있습니다. 인기 없는 상품을 줄이고, 독자적인 신상품을 늘려봅니다. 그리고 상품구성이 근처 경쟁 가게와 겹치면 매출을 늘리는 일은 무척 힘들기에 경쟁 가게 조사도 합시다. 그 밖에도 동네 주민의 감각과 가게의 가격대가 맞는지 검토합니다. 아무리 좋은 상품을 만들어도 구매한 적이 없는 손님에게 그 장점을 이해시키기는 어려운 일이므로 시식행사를 열거나, 서비스 행사로 가격을 낮추는 등 상품을 알리기 위한 노력을 합니다.

또한, 직원이나 사입처와의 인간관계, 동네주민이나 다른 상점과의 커뮤니케이션도 소중합니다. 손님이나 주위 사람을 소중히 여긴다면 다른 연결고리가 생겨 새로운 손님이나 만남을 불러들일 가능성도 있습니다.

특히 개업 1년 차에는 생각처럼 매상이 오르지 않아 불안해지는 것이 당연합니다. 다양한 대책을 강구하는 자세도 중요하지만 바로 결과를 내려고 초조해하면 안 됩니다. 매일매일 업무 중에 문제점이나 수정할 점을 다시 한번 생각하면서 궤도 수정을 해, 가게를 지속할 기반을 확실히 만들어 갑시다.

가게를 오래 유지하기 위해 해야 할 일

다행히도 고정손님이 늘어났다면 이익의 일부를 저금합시다. 설비 유지나 인테리어 리뉴얼이 언젠가는 필요합니다. 미리 예산을 정하고 모아두면 좋습니다.

과자가게나 빵가게는 준비시간도 길고, 중노동입니다. 그래서 자기관리가 안 되면 상품 제조나 접객 등에 문제가 생기는 경우도 있습니다. 모처럼 오픈해서 인기가 생겼는데 건강이 나빠져서 문을 닫는 경우가 적지 않습니다. 무리하지 않고, 적절한 휴식과 휴일을 지키고 기분전환도 잊지 않도록 합니다.

가게를 운영하는 과정에서 무엇보다도 중요한 것은 과자를 좋아하고 빵을 좋아하는 마음입니다. '맛있는 과자·빵을 전하고 싶다'는 가게를 시작했을 때 품었던 초심을 잊지 않는 것이 오랫동안 사랑받는 가게를 만드는 비결입니다.

감수 / 기시모토 타쿠야(岸本拓也)

《TOTSZEN BAKER'S KITCHEN》(도쓰젠 베이커즈 키친) 오너. 유한회사 와라우카도(わらうかど) 대표이사. 저팬 베이커리 마케팅주식회사 대표이사. 간사이(関西) 외국어대학 졸업 후, 외국계 호텔인 요코하마베이 쉐라톤 호텔에 입사. 홍보PR · 브랜딩 · 레스토랑카페 · 호텔 베이커리숍의 마케팅 및 기획업무를 담당. 20대 후반, 베이커리 개업으로 퇴사하고 유한회사 와라우카도를 설립. 요코하마 오쿠라야마(大倉山)에 《TOTSZEN BAKER'S KITCHEN》(도쓰젠 베이커즈 키친)을 개업. 2011년부터 지진재해를 입은 지역에서 베이커리 프로듀싱&베이커리 신업태개발, 기존 베이커리 매출개선, 판매 컨설팅을 한다.

HINT

개업을 위한
힌트 모음

— *Best Practice* —

국내편

한국에서 가게를 시작할 경우 일본과 약간 다른 점들이 있습니다. 한국에서 가게를 시작하기 위해 필요한 지식들을 소개합니다.

감수 · 임태언, 김혜준

일본과 한국의
제과제빵 산업의 차이점

김혜준

일본과 한국의 산업적 차이를 논할 때에 가장 큰 구분은 다양성과 환경의 안정성입니다.

제과제빵 산업에서 가장 중요한 재료, 밀가루를 예를 들어볼까요. 호주나 미국과 마찬가지로 밀의 단백질 함량으로 밀가루의 종류를 구분하는 우리나라에 비해 일본과 프랑스의 경우에는 밀에 함유된 미네랄, 무기질로 표현되는 회분율로 구분합니다. 이 회분 함량이 적을수록 빵의 부피와 공정 사이에 나타나는 변화, 내상의 표현이 달라지는데 일본은 비교적 한국의 밀가루보다 적은 함량을 기준으로 나뉘어 빵을 만들었을 때 나타나는 종합적인 변화에서 차이를 가져옵니다. 또한 우유나 치즈와 같은 유제품, 계란 등의 부재료의 경우에도 확연한 선택의 다양성과 수급과 유통의 안정성이 보장되고 있습니다. 이처럼 빵을 만들기 위한 기본 환경과 선택적 조건들이 다양하기 때문에 생산해내는 제품군의 카테고리 또는 품질에 있어서도 다양성을 추구할 수 있습니다.

일본의 경우 제과제빵 전문학교에서 이수하는 커리큘럼 자체에서도 일본 내에서 생산되는 재료들과 수입 재료들에 대한 성분과 차이에 대한 충분한 학습이 이행되고 있고, 소규모 업장들의 운영이 점차 활발해지면서 개성이 있는 제품들을 생산하고 그를 소비하는 소비자의 층도 다양해졌습니다. 특히 파머스 마켓 등의 규칙적인 이벤트가 늘어나면서 개성 있는 빵과 그것을 만드는 제빵사, 제과사에 대한 관심도 늘어나고 있는 트렌드가 문화적 소비로 함께 이어지고 있습니다.

한국에 비해 한 장소에서 운영할 수 있는 보장기간(한국 5년, 일본 30년)과 임대인에 대한 보호가 차지차가법(借地借家法)이란 법률로 보장되어 있다는 점도 큰 차이를 보입니다. 이 법에서는 임대인이 기간 만료 후에도 정당한 사유가 없는 한 계약 갱신을 거절할 수 없고 해약통고를 할 수 없습니다. 한국의 상가임대차보호법이 바로 이 차지차가법을 차용했으나 임차인보다는 임대인의 권리에 유리하게 맞춰졌다는 점에서 차이가 있습니다.

한국의 경우에는 기존에 형성되어 있는 인기 상권과 앞서 말한 특정지역에 몰림 현상이 눈에 띄게 높은 터라 인테리어와 설비 설정 계획을 잘 세워야 합니다. 만약 작은 가게를 오픈한 후 보다 큰 매출과 생산을 위해 자체 판매뿐 아니라 납품을 고려한다면 '해썹(현재까지는 모든 제조생산공장이 적용되는 것은 아니며 대략 2020년까지는 실시될 것으로 보이며, 동네빵집의 경우도 유통을 목적으로 오픈을 할 경우 충분히 알아본 후 창업하도록 합니다)'이라 불리우는 요소 중점 관리기준 (Hazard Analysis and Critical Control Points, HACCP)을 고려하여 식품제조허가업을 내야 합니다. 이에 따른 비용과 설비, 공간 등의 추가적 요소, 법적인 절차가 복잡하다보니 처음 오픈을 준비할 때부터 본인이 추구하는 사업의 방향을 명확하게 결정해야 차후 사업을 진행하는데 있어 변수들을 줄일 수 있습니다.

1 가게 만들기에서 가장 중요한 것

임태언

나만의 작은 가게 만들기!
창업 준비에서 놓치기 쉬운
창업 전 알아야할 지식을 소개합니다.

창업 전 세금에 대한 지식은 필수

창업 준비 단계에서는 사업 전반을 이해하기 위해 필요한 지식을 습득해야 합니다. 그 중에서도 종합소득세, 부가세 등 세금에 대한 기본 지식은 자신이 오픈할 가게의 규모와 향후 매출 규모, 필요한 인력과 장비 등에 따라 창업 규모를 어떻게 잡을지에 큰 영향을 미칩니다. 자신의 창업 조건에 따라 사업자등록을 간이사업자(년 매출 4800만 원 이하의 소규모 업체)로 할지 일반사업자로 할지 알아보아야 합니다. 신규 창업의 경우 간이사업자로 창업하면 세금에 대한 부담이 작습니다.

2 개업까지의 일정

임태언

빡빡한 개업 준비 과정에서
부딪히게 되는 시행착오를
미리 예방하세요.

오픈 일정이 예정보다 늦어질 수 있음을 감안하고 종합적인 계획을 세워라!

모두 6개의 지점(석촌호수점, 송파점, 잠실롯데월드점, 명동성당점, 서교점, 르빵 더 테이블등 2017년 11월 현재)이 있는 르빵의 창업 과정을 돌아보면 오픈 일정이 계획했던 기간보다 미뤄지는 경우가 대부분이었습니다. 창업 준비를 하다 보면 인테리어나 소방안전 점검 등 곳곳에서 생각하지 못했던 변수들이 생길 수 있지요. 그러므로 창업 준비 과정에서 발행할 수 있는 변수를 감안하여 더 철저하게 준비하고 계획하여 준비해야 합니다.

3 가게 이미지를 확고히 한다

임태언

가게 창업에서 가장 중요한
나만의 가게 이미지 콘셉트를 어떻게 만들지
르빵의 창업 사례로 살펴봅니다.

남들과 다른 빵집을 하고 싶다 : 르빵의 차별화된 콘셉트

 2011년 르빵을 처음 오픈할 당시에는 지금처럼 천연 발효종 빵이 아직 대중들에게 알려지지 않았던 시기였어요. 그래서 르빵은 건강하고 질 좋은 자연 발효종 빵 만들기를 르빵만의 차별화 포인트로 잡았습니다. 좋은 콘셉트와 열정으로 열심히 사업에 임했지만 창업의 길은 쉽지 않았지요. 매출이 오르지 않고 계속된 적자로 빵집을 계속해야할지 고민하던 어느 날 가게 앞에 수많은 사람들이 줄을 서서 빵을 사고 있다는 직원의 전화를 받았습니다. 어찌된 일인지 알아보니 잠실의 모 아파트 단지 고객인 아기 엄마가 "다른 빵집의 빵은 먹지 않던 자녀들이 르빵의 천연 발효빵은 먹는다"는 것이에요. 이런 사실이 아기 엄마가 사는 아파트 단지에 알려지면서 입소문이 난 것이죠. 이를 계기로 건강을 지향하는 르빵의 빵은 더욱 더 많은 엄마들 사이에 입소문이 나면서 르빵이 빠르게 자리를 잡는데 큰 힘이 되었습니다. 1년여 만에 르빵의 차별화된 콘셉트가 힘을 발휘하는 순간이었습니다.

4 개업에 필요한 자금

임태언

내 가게를 만드는데 필요한 돈과
그 돈들이 어떻게 쓰이는지 알아보고
완벽한 개업 자금 관리 방법을 위한 노하우를 소개합니다.

갑작스런 추가 비용의 발생을 감안해 최대한 실속있게 예산을 짜자

르빵 1호점은 초기 창업 자금 예산으로 8천만 원 정도를 잡았는데 실제 개업 과정에서는 5천 정도의 추가 예산이 필요했습니다. 점포를 계약하면서 생각지 못했던 삼천만원 정도의 권리금이 추가되었고, 빵 제작에 필요한 도구, 포장지 등 소소한 부분에서 조금씩 늘어난 예산들이 2천여만 원이 넘었습니다. 물론 예산을 잡을 때 실제에 가깝게 꼼꼼히 따져 잡는 것도 중요하지만 창업의 과정에서는 생각지 못한 새로운 아이디어나 차별화 전략의 강화를 위해 추가 비용을 지출할 수밖에 없는 경우가 생기기도 합니다. 그러므로 창업 자금 예산을 최대한 실속 있게 계획을 짜는 것이 중요합니다. 또한 만약의 상황을 대비하여 비상용 예비비를 준비해두는 것도 좋습니다.

5 자금조달 방법

사업 계획에 따른
자금 조달 및 창업 지원 자금의
활용 방법을 알려드립니다.

김혜준

사업계획서에 자금 조달 계획을 정리해보자

사업계획을 세우면서 자체적인 사업계획서를 작성해 보세요. 부동산에 소요되는 비용(임대료와 권리금) 외에 설비비, 기계 구입비, 전기공사, 공장과 홀에 필요한 인력에 대한 인건비, 패키지와 BI 디자인 비용 등 필수 요소부터 선택 요소에 대한 구분이 필요하며 가오픈 기간과 오픈기간 그리고 오픈 후 3개월 정도 운영을 할 수 있는 현금을 확보해 놓는 것이 좋습니다.

만약 청년 창업인 경우 사업계획서 및 프레젠테이션을 통해 서울시 또는 지역별 창업 지원 프로그램을 적극 활용하는 것이 가장 좋은 선택입니다. 각 금융기관 별로 소상공인 지원 대출 프로그램도 준비되어 있으니 꼼꼼하게 챙겨 비교해봅니다.

• 창업지원프로그램을 활용하라

기본 자산 외에 필요한 자금을 정부지원을 통해 받을 수 있는 창업지원프로그램을 추천합니다. 시 또는 구에서 지원하는 지원센터를 살펴보면 자금지원과 교육 프로그램들을 제공하고 있습니다.

- 서울특별시 창업지원센터(www.changupga.com),
- K-스타트업(www.k-startup.go.kr)
- 창업진흥원(www.kised.or.kr)
- 전국소상공인지원센터(www.semas.or.kr)

그 외에 금융권의 소상공인 지원 대출을 이용해볼 수 있습니다.

임태언

국내의 경우 창업 자금을 지원받을 수 있는 경우가 있기는 하지만 대부분 쉽지 않습니다. 그래서 창업 후 1년 이상 영업을 열심히 하여 어느 정도의 매출이 발생하면 신용보증기금, 서울신용보증재단, 중소기업진흥공단 등의 기관을 통해 사업자금이나 운영자금 등의 대출을 받을 수 있습니다.

6 개업에 필요한 절차

임태언

한국과 일본의 작은 가게 개업 과정은
비슷하긴 하지만 조금은 다릅니다.
한국의 개업 절차를 알아봅니다.

보건소 위생과(영업허가 신청의 흐름)

1. 사전상담을 한다.
   가게 착공 전에 도면을 지참하고 사전 상담을 할 것.
   개업 전 필요한 서류와 어떤 교육을 받아야 되는지를 확인.
   예를 들어 지하 66제곱미터이상일 경우, 또는 지상 2층 100제곱미터 이상일 경우는 소방완비증명서를 받아야 함.

2. 신청서류 제출
   사전 상담을 통해 안내받은 서류를 위생과에 제출한다.

3. 허가서 교부
   서류가 접수되면 바로 영업허가증을 발급 받을 수 있다.

4. 세무서
   위생과에서 영업허가증을 받으면 세무서로 가서 제과점업으로 신고하고 사업자등록증을 발급 받을 수 있고. 이때부터 영업을 시작할 수 있다.

7 건물 구하기

김혜준

창업에서 가장 큰 비중을 차지하는 것 중 하나가 부동산 비용입니다.
창업비용의 부담을 줄일 수 있는
건물 구하기 요령을 살펴봅니다.

부동산 비용을 절약하면 창업 비용에 여유를 가질 수 있다.

부동산은 창업 자금 중 가장 큰 부분을 차지하는 만큼 권리금과 보증금의 규모를 잘 체크하고 월납입금의 비율을 조정합니다. 건물을 구할 경우에는 제1순위가 역세권이겠지만, 요즘에는 업장의 콘셉트와 아이템에 따라 업종에 적합한 입지 선정 또는 한두 블록 외진 안쪽까지도 고려하는 것도 좋습니다. 부동산 비용을 절약하면 SNS 마케팅 또는 패키징, 인테리어 비용 등에 추가 투자 여부를 여유 있게 결정할 수 있습니다.

9 사입처 찾기

김혜준

가게 창업에 필요한 재료를 구입하는 요령과
재료 구입비용을 아낄 수 있는 방법을 알아봅니다.

사입 비용을 절약하는 노하우

창업에 필요한 것들을 준비하다보면 구매대행업체를 통해 식재료라던가 패키지 등을 구입해야할 경우가 있습니다. 이런 경우 가능하면 오픈 초반에 방산시장과 같은 전문 마켓이나 신선한 식재료를 구입하는 가락시장과 같은 농수산물 마켓에서 직접 눈도장을 찍고 거래처를 만들어 놓는 것을 추천합니다. 이렇게 하면 시기별로 산지 농장들과 직거래로 저렴한 가격에 좋은 퀄리티의 제품들을 구입할 수도 있습니다. 가장 중요한 것은 이러한 거래처들의 리스트들을 잘 정리하여 활용하고 규칙적인 홀세일 마켓, 예를 들면 코스트코에서 구매품목 별로 벌크 구매를 하면 소소한 낭비를 줄일 수 있습니다.

10 가격 정하는 방법

임태언

국내 상황을 기준으로
매장의 규모에 맞는
매출 목표 산출 방법을 알아봅니다.

매장 규모에 따른 대략적인 매출 목표 산출 방법

매장의 최소 하루 매출 목표 산출 방법은 매장에 근무하는 직원의 수와 매장의 평수에 따라 다릅니다. 8평 규모의 가게를 기준으로 할 경우 직원 혼자 하는 1인 규모의 가게는 대략 일평균 30~35만원, 2인 규모의 가게는 대략 일평균 60~70만원의 매출 목표를 선정하는 것이 좋습니다. 이익은 매상의 30%를 목표로 하면 됩니다.(르빵의 경우 재료비는 30%~35% 내외이고, 인건비는 30프로, 임대료, 공과금, 기타잡비로 25% 정도를 봅니다.)

상품을 구성할 때 모든 상품에 똑같은 이익률을 정하기보다는 개별 상품에 따라 싸게 많이 판매하여 개당 이익은 작지만 모아놓으면 전체적으로는 수익의 규모가 나쁘지 않은 미끼 상품과 정상적인 이익을 낼 수 있는 상품을 적절해 배합하여 전체적으로 보면 원하는 수익을 낼 수 있도록 배분하는 것이 좋습니다. 대체적으로 상품의 원가는 30% 이내, 인건비는 30% 정도입니다.

11 접객과 서비스

김혜준

고객들이 보기 편하게 제품을 진열하는 노하우와
편하게 제품을 구매할 수 있는 환경을 어떻게 만들지 알아봅니다.

다양한 제품 관리 방법

빵은 다양한 부피와 모양의 제품들로 구성이 되어 있죠. 보통의 평면적인 방식으로 대부분 진열하지만 손님들이 매장에 들어서서 홀을 걸어 다니는 동선을 파악하면 제품군의 배열을 다양하게 활용할 수 있습니다. 우선 처음 시작은 빵을 담을 쟁반과 집게를 드는 스테이션을 시작으로 홀 중앙을 둘러싼 벽면의 선반들에는 쿠키나 포장된 제품, 부피가 큰 식빵류들을 배치하고 중앙 평면 진열대에는 평평한 모양의 제품들을 선반이나 라탄 바구니에 식용종이를 깔고 진열해둡니다. 이 때 평면 진열대는 2층 정도의 구분으로 눈높이를 맞춰 입체적인 구성으로 만드는 것이 좋습니다. 또한 최종 계산을 위해 빵쟁반을 올려놓고 기다리는 위치에 손으로 쉽게 집을 수 있는 포장 제품들을 배치해 놓는 것도 좋습니다. 빵과 과자 외에 곁들여 먹을 수 있는 잼이나 스프레드, 올리브 오일 등의 제품들을 배열해 놓는 센스도 필요합니다.

손님의 동선을 쫓아라!

아무리 좋은 상품이라던 그것을 전달하는 전달자의 태도와 분위기에 따라 소비자의 만족도가 좌우됩니다. 손님이 매장을 들어섰을 순간부터 직원들의 시선은 부담스럽지 않은 한도 내에서 계속적으로 손님의 동선을 쫓아야 합니다. 손님의 가방이라던가 발 등에 시선을 맞추거나 움직임을 인지하고 있어야 하고 구매에 필요한 쟁반이나 집게 등의 개수와 위생상태 그리고 돌발상황(빵이나 케이크를 집다가 떨어뜨리거나, 바닥이 미끄러워 넘어지거나 했을 경우)이 발생했을 때 우선적인 손님의 상태를 체크하고 그에 대한 리액션이 중요합니다.

12 직원에 관해서

김혜준

가게를 찾는 고객이 "이 가게는 정말 청결하구나!" 하고
느낄 수 있게 해주는 것은 빵집의 이미지를 위해 매우 중요합니다.
직원의 청결 상태 유지 방법을 알아봅니다.

직원의 청결상태를 잘 관리하라

직원들의 청결상태는 기본적인 약속입니다. 머리카락이 떨어지는 것을 방지하기 위한 고정핀이라던가 헤어망의 사용을 권유하며 돈을 만지던 손으로 식품을 만지는 일이 없도록 유의합니다. 식품을 이동하거나 자르는 경우에는 일회용 장갑을 사용하도록 합니다. 영업 중 핸드폰을 만지거나 직원들끼리 큰소리로 웃고 떠드는 일은 지양합니다. 판매 제품에 대한 인지는 확실하게 하도록 하여 손님이 질문을 할 경우 정확한 정보를 전달하고 확인해주도록 합니다.

13 홍보에 관해서

김혜준

요즘 마케팅의 흐름과
온라인, 오프라인에서
내 가게를 효과적으로 알리는 방법을 소개합니다.

내 가게를 알리는 방법

최근 마케팅의 흐름

잘 갖춰진 상품을 빛나게 할 수 있는 가장 큰 비법은 온오프 마케팅입니다. 쉽게 구매를 유도하는 단순한 마케팅을 벗어나 요즘에는 제품의 장점을 인식케 하고 올바른 정보를 알리는 브랜딩으로 시선이 옮겨가고 있습니다.

온라인 마케팅

facebook/Instagram/blog 등 다양한 매체들 각각이 지닌 특성을 이용해 내부관리자 또는 오너가 직접 운영하는 것을 추천합니다. 영상 또는 디자인 작업을 맡길 수 있는 업체와의 협업을 활용하는 것도 방법입니다.

오프라인 마케팅

매장에서 직접 구워낸 신제품들을 적극적으로 시식하고 작은 시즌 이벤트들을 활용합니다. 반복적인 방문을 유도하기 위한 적립 프로그램이나 맞춤형 기호를 체크해 놓는 것도 추천합니다.

14

홈페이지와 SNS에 관해서

임태언

내 상황에 맞는
홈페이지와 SNS 관리 방법을 알아봅니다.

외주와 직접 관리 중 적절한 방법으로

르빵의 경우 초기에는 온라인 마케팅을 별도로 하기 어려웠습니다. 지금은 홈페이지와 SNS 만들어 운영 중입니다. SNS를 직접 운영하기 위해 별도의 담당자를 둘 경우에는 그 비용에 대한 부담이 적지 않습니다. 그런 경우라면 비용을 들여 외주를 주는 것도 하나의 방법입니다. 그러나 외주의 경우도 비용 부담이 한시적이지만 창업 초기에는 그 비용도 작은 비용은 아니지요. 또한 외주를 이용한 온라인 마케팅은 효과 면에 있어서도 일시적인 것이 단점입니다. 그래서 별도의 인원을 들이지 않고 직접 지속적으로 운영하고 관리할 수 있다면 그것이 가장 효과적입니다.

15

이벤트에 참여한다

김혜준

플리마켓이나 지역의 행사 등 다양한 공간을 활용해
내 가게를 홍보하는 요령을 소개합니다.

지역의 다양한 행사를 활용하라

이 부분은 플리마켓 등과 같은 프로그램이 많이 활성화되어 사람들이 많이 모이는 곳에서 이루어지는 일본의 환경을 감안해서 소개되는 부분이라 한국의 상황에서는 조금 다르다고 할 수 있습니다. 하지만 가게를 오픈하기 전이나 후에 자신이 거주하는 지역이나 기타 공간에서 이런 이벤트가 진행되는 경우를 잘 활용하면 지역의 가게는 물론이고 다양한 곳에서 자신의 가게의 상품을 홍보하고 판매에 활용할 수 있습니다(한국의 경우는 공공장소에서 식품을 판매하는 일에 대한 법규가 엄격하게 제한되므로 주의가 필요합니다). 마르쉐에서 주관하는 행사의 경우 사전 참가신청을 하면 부스 참여가 가능합니다.

16 인터넷쇼핑몰을 시작한다

김혜준

국내에서 인터넷 쇼핑몰을 운영하기 위해 필요한 통신판매업 신고 방법과 절차를 안내합니다.

통신판매업 신고 방법

인터넷쇼핑몰통신판매

사업자 등록 → 통신판매업 신고로 간단한 절차를 통과합니다.

통신판매업 신고는 사업장소재지 관할시, 군, 구청 지역경제과 또는 지역개발과를 방문하거나 인터넷, 우편 신청 모두 가능하고 3일 정도 소요됩니다. 사업자 등록증, 면허세, 대표 도장, 인터넷 도메인, 호스트서버 소재, 이메일 등이 구비되어야 합니다. 이 때 농협이나 금융기관에서 에스크로 서비스 신청을 마치고 확인서를 받아 함께 제출해야 합니다.

도메인 등록을 마친 홈페이지 (호스트 서버)에 쇼핑몰을 구축합니다. 제품 사진과 가격 등을 업로드 하고 에스크로 서비스(구매자의 결재대금을 3자에게 예치하고 있다가 물건의 배송을 완료한 후 판매자에게 대금을 지급하는 거래안정장치)와 현금 영수증 기능이 있는 안정적인 카드 업체를 선정하고 상품을 유통해 줄 배송업체를 선정합니다.(예, 로젠택배, 우체국택배 등등)

17 가게를 오래 유지하려면

가게를 창업한 후 1년을 버텨냈다면
이제는 10년 갈 수 있는 가게를 만들어야겠죠.
오래 가는 가게가 되기 위한 노하우를 알아봅니다.

임태언

필자의 경우 직접 빵을 만들어 인건비에 대한 부담을 줄일 수 있었습니다. 사장이 직접 빵을 만들면 어떤 어려운 상황이 오더라도 버티는 데 큰 도움이 되는 것이 사실입니다.

1. 아무리 힘들어도 1년은 버텨라!

어떤 장사나 사업이든 시작을 했으면 아무리 어려워도 최소한 일 년은 버텨야 합니다. 1년 정도 버텨보면 사업의 가능성에 대한 판단을 할 수 있는 데이터가 생겨 좀 더 객관적으로 사업의 지속 여부를 판단할 수 있습니다.

2. 끈임 없는 신제품 개발

르빵의 경우 매월 둘째 주 목요일을 빵 연구의 날로 정해 휴업을 하고 유명한 빵집을 찾아다니며 빵을 구입하여 분석하고 벤치마킹하면서 월 2개 정도의 신 메뉴를 개발하였습니다. 신 메뉴를 개발할 때 주의할 점은 무한정으로 신 메뉴를 늘리는 것보다 인기 없는 제품은 단종시킨 후 신 메뉴를 개발하는 것이 좋습니다. 판매하는 메뉴가 너무 많아지면 관리도 힘들고 너무 많은 제품을 만들다 보면 역량이 분산되므로 주의합니다.

3. 직원 관리를 철저하게 하라

창업 초기는 쉽지 않겠지만 직원의 복지에 신경을 쓰는 것이 중요합니다. 조금씩이라도 직원의 근무 환경을 개선해주는 것은 직원과 함께 가기 위해 꼭 필요한 요소입니다.

빵을 만드는 사장이든 아니든 끊임없이 새로운 공부를 하고 직원들도 업그레이드 해주어야 합니다.

직원에 따라서는 단순히 매번 같은 빵만을 만드는 것이 아니라 새로운 빵에 대한 기술과 지적 요구가 있는 경우도 많습니다.

SHOPLIST 이 책에서 취재한 가게

- 어코드(akkord)

오사카 부 도요나카시 데라우치 2-3-9 그린엑셀 501
大阪府豊中市寺内 2-3-9 グリーンエクセル501

Open. 11:30~17:00
Close. 비정기휴무
http://akkord501.com

- 모리노 오하기(森のおはぎ)

오사카부 도요나카시 나카사쿠라즈카 2-25-10
大阪府豊中市中桜塚 2-25-10

Open. 10:00~13:00, 14:00~소진 시까지
Close. 일·월요일
http://morinoohagi.jimdo.com/

- 에이미즈 베이크숍(Amy's Bakeshop)

도쿄도 스기나미구 니시오기키타 2-26-8-1F
東京都杉並区西荻北 2-26-8-1F

Open. 11:00~19:00
Close. 월, 화(공휴일인 경우 영업)
http://amysbakeshop.com/

- 타이야키 가게 유이와 과자점 미모자

도쿄도 구니타치시 니시 2-19-12 헬리오스 구니타치 1-B
東京都国立市西 2-19-12 ヘリオス国立 1-B

Open. 11:00~17:00
Close. 월, 화
http://taiyakiyayui.jugem.jp/

- 미레이네

시부야구 니시하라 3-24-8 노구치 빌딩 1F
渋谷区西原 3-24-8野口ビル 1F

Open. 12:00~18:00
Close. 일요일, 수요일
http://mirayne.com/

- 에테(Été)

http://ete-okashi.com

- 화과자 공방 이토(糸) ito

http://ito-wagashi.com

Staff

デザイン　山本洋介、大谷友之祐（MOUNTAIN BOOK DESIGN）
写真　　　上原朋也、川しまゆうこ、福岡秀敏、フジモリタイシ、吉村規子
取材　　　下川あづ紗、田中絵真、林麻衣子（nico edit）、本庄彩
イラスト　小池ふみ
校正　　　田中麻衣子
編集　　　脇 洋子

- 나카가와 밀 가게
교토부 교토시 사쿄구 시모가모마츠노키쵸 52-1
京都府京都市佐京区下鴨松ノ木町 52-1
Open. 9:00〜18:30
Close. 월,화
http://nakagawakomugiten.com/

- 보네 단느(BONNET DANE)
도쿄도 세타가야구 미슈쿠 1-28-1
東京都世田谷区三宿 1-28-1
Open. 8:00〜19:00
Close. 월, 화

- 하쿠라쿠(白楽) 베이글
가나가와현 요코하마시 가나가와구 로쿠카쿠바시 3-3-15 101
神奈川県横浜市神奈川区六角橋 3-3-15 101
Open. 10:00〜19:00
Close. 수, 목
http://hakuraku-bagel.com/

- 이토키토(itokito)
도쿄도 오타구 기타센조쿠 1-54-10 1F
東京都大田区北千束 1-54-10 1F
Open. 11:00〜20:00,
    11:00〜19:00(토·공휴일)
Close. 월, 화

- 시마이(cimai)
사이타마현 삿테시 삿테 2058-1-2
埼玉県幸手市幸手 2058-1-2
Open. 12:00〜18:00경
Close. 비정기휴무
http://cimai.jugem.jp/

- 노타리(のたり)
후쿠오카현 이토시마시 시마사쿠라이 2445
福岡県糸島市志摩桜井 2445
Open. 12:00〜소진 시까지
Close. 월〜목
http://notaripan.blogspot.jp

- 634베이글(BAGEL)
http://634bagel.com/

CHIISANA OKASHIYA-SAN TO PANYA-SAN NO HAJIMEKATA by "WATASHI NO OMISE NO HAJIMEKATA," HENSHU-BU
Copyright©2015 Mynavi Publishing Corporation
All rights reserved.
Original Japanese edition published by Mynavi Publishing Corporation

This Korean edition is published by arrangement with Mynavi Publishing Corporation, Tokyo in care of Tuttle-Mori Agency, Inc. Tokyo through IMPRIMA KOREA AGENCY, Seoul.

이 책의 한국어판 출판권은 Tuttle-Mori Agency, Inc., Tokyo와 Imprima Korea Agency를 통해 Mynavi Publishing Corporation과의 독점계약으로 터닝포인트에 있습니다.
저작권법에 의해 한국 내에서 보호를 받는 저작물이므로 무단전재와 무단복제를 금합니다.

줄서는 일본의 작은 빵집

2017년 11월 27일 초판 1쇄 발행
2018년 8월 10일 초판 2쇄 발행

지은이	〈내 가게 시작하기〉 편집부
옮긴이	박수현
감수	기시모토 타쿠야, 임태언, 김혜준
펴낸이	정상석
기획·편집	터닝포인트
교정	김성은
마케팅	이병진
편집 디자인	앤미디어
표지 디자인	여만엽
펴낸 곳	터닝포인트(www.diytp.com)
등록번호	제2005-000285호
주소	(03991) 서울특별시 마포구 동교로27길 53 지남빌딩 308호
대표 전화	(02)332-7646
팩스	(02)3142-7646
ISBN	979-11-6134-013-5 13320
정가	14,000원

내용 및 원고 집필 문의   diamat@naver.com
터닝포인트는 삶에 긍정적 변화를 가져오는 좋은 원고를 환영합니다.

※ 한국출판문화산업진흥원의 출판콘텐츠 창작자금을 지원받아 제작되었습니다.

※이 책에 수록된 내용이나 사진, 일러스트 등을 출판권자의 허락 없이 복제 배포하는 행위는 저작권법에 위반됩니다.

이 도서의 국립중앙도서관 출판예정도서목록(CIP)은 서지정보유통지원시스템 홈페이지(http://seoji.nl.go.kr)와 국가자료공동목록시스템(http://www.nl.go.kr/kolisnet)에서 이용하실 수 있습니다.(CIP제어번호: CIP2017030844)